RE

ABRÉGÉ DES PRINCIPES DE LA GRAMMAIRE FRANÇOISE.

IMPRIMERIE DE RAUCOURT.

ABRÉGÉ
DES PRINCIPES
DE LA
GRAMMAIRE FRANÇOISE,

PAR RESTAUT.

NOUVELLE ÉDITION,

Beaucoup plus correcte que les précédentes, et augmentée de la Liste des mots où l'H est aspirée, et d'une Table alphabétique des matières.

A PARIS,
Chez THÉODORE LE CLERC, jeune, LIBRAIRE, rue Neuve-Notre-Dame, en la Cité, N°. 23.

1812.

AVERTISSEMENT.

CE petit Livre est un extrait fort simple d'un autre plus étendu, qui a pour titre : *Principes généraux et raisonnés de la Grammaire Françoise.*

On n'y a rien fait entrer qui ne soit à la portée des Enfants, à qui on ne sauroit faire apprendre de trop bonne heure, par règles, les premiers éléments de leur Langue, pour les disposer à parler et à écrire correctement, ou à étudier avec plus de facilité les premiers éléments de la Langue Latine.

On a rejetté dans le dernier Chapitre plusieurs Observations qui n'auroient pu se mettre dans le courant de l'Ouvrage, parce qu'elles supposent une connoissance au moins générale de toutes les parties du Discours. C'est une espèce de petite Syntaxe Françoise, dans laquelle les Enfants pourront apprendre à développer la construction d'une phrase, et à rendre raison du rapport des mots les uns à l'égard des autres.

Quand les Enfants sauront bien ce qui est contenu dans cet abrégé. les Maîtres trouveront dans le Livre des *Principes généraux* de quoi ajouter aux premières idées qu'ils auront déjà prises des règles de notre Langue ; et, par ce moyen, ils les mettront insensiblement en état de les posséder, et d'en faire usage dans les circonstances les plus essentielles.

Ce qui est dit pour les enfants regarde également les personnes plus formées qui n'ont point étudié, et qui voudront apprendre la Grammaire Françoise. Elles pourront commencer par cet Abrégé, qui leur donnera une première notion des termes, et leur facilitera la lecture des autres Livres où les règles sont plus étendues et plus approfondies.

TABLE

Des Chapitres, Articles et Titres.

ABRÉGÉ
DES PRINCIPES
DE LA
GRAMMAIRE FRANÇOISE.

CHAPITRE PREMIER.

De la Grammaire en général, des Mots, des Syllabes, et des Lettres.

DEM. QU'EST-CE *que la Grammaire ?*

RÉP. C'est l'art de parler et d'écrire correctement.

D. *Qu'est-ce que parler ?*

R. C'est exprimer ses pensées par le moyen de la voix.

D. *De quoi se sert-on pour cela ?*

R. On se sert de mots qu'on appelle encore Parties du discours, ou Parties de l'oraison.

D. *De quoi les mots écrits sont-ils composés ?*

R. Ils sont composés de syllabes. Ainsi,

dans le mot *opulent*, il y a trois syllabes, qui sont *o-pu-lent*; et dans le mot *calomniateur*, il y en a cinq, qui sont *ca-lom-ni-a-teur*.

D. *De quoi les syllabes sont-elles composées ?*

R. Elles sont composées de lettres.

D. *Combien y a-t-il de sortes de lettres ?*

R. Il y en a de deux sortes, savoir ; les voyelles et les consonnes.

D. *Combien y a-t-il de sortes de voyelles ?*

R. Il y en a de trois sortes, savoir ; les voyelles simples, les voyelles composées, et les voyelles nasales.

D. *Qu'est-ce que les voyelles simples, et combien y en a-t-il ?*

R. Ce sont celles qui s'expriment par une seule lettre : il y en a cinq, qui sont *a*, *e*, *i*, ou *y* grec, *o*, *u*.

D. *Qu'est-ce que les voyelles composées, et combien y en a-t-il ?*

R. Ce sont celles qui s'expriment par deux ou trois voyelles, lesquelles ne forment qu'un seul son simple.

Il y en a dix principales, qui sont *ea*, *ai*, *ei*, *oi*, *au*, *eau*, *eo*, *eu*, *œu*, et *ou*; comme dans *il mang*ea, *je chant*ai, *mai-son*, *Seigneur*, *foible*, au*teur*, *tabl*eau, *geolier*, *f*eu, *v*œu, et *gen*ou.

D. *Qu'est-ce que les voyelles nasales ?*

R. Ce sont des voyelles qui se prononcent

un peu du nez, et qui s'expriment par une ou deux voyelles suivies d'une *n* ou d'une *m*. Il y en a seize, qui sont : *an*, *ean*, *am*, *en*, *em*, *in*, *im*, *ain*, *ein*, *aim*, *on*, *eon*, *om*, *un*, *eun*, et *um*; comme dans *pl*an, Jean, *l*am*pe*, *m*en*tir*, *l*ien, *t*em*ple*, *v*in, im*pie*, *m*ain, *dess*ein, *f*aim, *b*on, *pig*eon, om*bre*, *auc*un, *à j*eun, et *h*um*ble*.

D. *Qu'est-ce que les diphthongues ?*

R. Ce sont plusieurs voyelles qui expriment un double son, et qui se prononcent en une seule syllabe.

Il y en a onze principales, qui sont : *ia*, *ié*, *io*, *oe*, *oi*, *ue*, *ui*, *ieu*, *ien*, *ion*, et *oin*; comme dans *l*iar*d*, *pit*ié, *f*io*le*, *m*oe*lle*, *r*oi, *éc*ue*lle*, *l*ui, *D*ieu, *b*ien, *nous aim*ions, et *l*oin.

D. *Combien y a-t-il de consonnes ?*

R. Dix-huit, savoir : *b*, *c*, *d*, *f*, *g*, *j*, *k*, *l*, *m*, *n*, *p*, *q*, *r*, *s*, *t*, *v*, *x*, *z*.

D. *Combien distingue-t-on de sortes d'*e ?

R. On en distingue de trois sortes, qui sont, l'*e muet*, l'*é fermé*, et l'*è ouvert*.

D. *Qu'est-ce que l'*e *muet ?*

R. C'est un *e* qui n'a qu'un son sourd et obscur, et qui se prononce comme à la fin de ces mots, *monde*, *livre*, *homme*, etc.

D. *Qu'est-ce que l'*é *fermé ?*

R. C'est celui qui se prononce comme à la fin de ces mots, *café*, *bonté*, *charité*, etc.

D. *Qu'est-ce que l'*è *ouvert ?*

R. C'est celui qui se prononce comme dans

les secondes syllabes des mots *misère*, *fidèle*, *tempêtes*, *extrême*, *succès*, *progrès*, etc.

D. *Faites-moi voir ces trois sortes d'*e *dans quelques mots?*

R. On les trouve dans les mots *fermeté*, *netteté*, dont le premier *e* est ouvert, le second est muet, et le troisième est fermé.

D. *Combien y a-t-il de sortes d'*e *ouverts?*

R. Il y en a de deux sortes:

1°. L'*e* un peu ouvert, qui se prononce avec une ouverture de bouche un peu plus grande que celle qu'il faut pour la prononciation de l'*é* fermé, comme dans les secondes syllabes des mots *misère*, *fidèle*, *musette*, *tristesse*, etc.

2°. L'*e* fort ouvert, qui se prononce avec une ouverture de bouche plus considérable, comme dans la première syllabe de *guerre*, et dans les secondes de *tempête*, *extrême*, *succès*, *progrès*, etc.

D. *Combien y a-t-il d'accents?*

R. Il y en a trois, qui sont: l'accent aigu (´), l'accent grave (`), et l'accent circonflexe (^).

D. *Quel est l'usage de l'accent aigu?*

R. On le met sur tous les *é* fermés, soit au commencement, soit au milieu, soit à la fin des mots, comme dans *vérité*, *témérité*, *les amitiés*, *les procédés*, etc.

D. *Quel est l'usage de l'accent grave?*

R. On le met principalement sur les *è* ouverts, lorsqu'ils se trouvent à la fin des mots, et qu'ils sont suivis d'une *s*, comme dans *après*, *accès*, *procès*, *très*, *près*, etc.

D. *Quel est l'usage de l'accent circonflexe ?*

R. On ne le met que sur des voyelles longues.

D. *Qu'est-ce que les voyelles longues ?*

R. Ce sont les voyelles sur lesquelles on appuie plus long-tems que sur les autres, en les prononçant.

D. *Comment appelle-t-on les voyelles qui ne sont pas longues ?*

R. On les appelle brèves.

D. *Donnez-moi, dans quelques mots, des exemples de voyelles longues et brèves ?*

R. *a* est long dans le mot *mâle*, et il est bref dans le mot *malle*.

e est long dans *tempête*, et il est bref dans *trompette*.

i est long dans *gîte*, et il est bref dans *petite*.

o est long dans *apôtre*, et il est bref dans *dévote*.

u est long dans *flûte*, et il est bref dans *une butte*.

D. *Qu'y a-t-il à observer sur la lettre* h ?

R. Elle est aspirée ou non aspirée.

D. *Qu'est-ce que l'*h *aspirée ?*

R. C'est celle qui fait prononcer avec aspiration, c'est-à-dire du gosier, la voyelle dont elle est suivie, comme dans *le héros*, *la hauteur*, *la haine*, etc.

D. *Qu'est-ce que l'*h *non aspirée?*

R. C'est celle qui n'ajoute rien à la prononciation de la voyelle suivante, comme dans *l'homme*, *l'honneur*, qui se prononcent comme s'il n'y avoit que *l'omme*, *l'onneur*, sans *h.*

D. *Quel est l'usage de l'*y *grec ?*

R. On l'emploie le plus ordinairement pour exprimer deux *ii*, comme dans *essayer*, *envoyer*, *moyen*, qui se prononcent comme s'il y avoit *essai-ier*, *envoi-ier*, *moi-ien.*

D. *De combien de sortes de mots se sert-on pour parler?*

R. De neuf, qu'on appelle *les neuf parties du discours ou de l'oraison.*

D. *Quelles sont ces neuf parties du discours ?*

R. Le *Nom*, l'*Article*, le *Pronom*, le *Verbe*, le *Participe*, la *Préposition*, l'*Adverbe*, la *Conjonction*, l'*Interjection.*

CHAPITRE II.

Du Genre, du Nombre, et du Cas.

D. QU'EST-CE *que le Genre ?*

R. C'est proprement une manière de distinguer, par l'expression, ce qui est mâle ou femelle.

D. *Combien y a-t-il de genres?*

R. Deux; le masculin et le féminin.

D. *Comment les connoît-on?*

R. Quand on peut mettre *le* ou *un* avant un mot, il est masculin. Ainsi *père* est masculin, parce qu'on peut dire *le père*, ou *un père*.

Quand on peut mettre *la* ou *une* avant un mot, il est féminin. Ainsi *mère* est féminin, parce qu'on peut dire *la mère*, ou *une mère*.

D. *Qu'est-ce que le nombre ?*

R. C'est une manière d'exprimer l'unité ou la pluralité des choses.

D. *Combien y a-t-il de nombres ?*

R. Deux; savoir : le *singulier*, quand on ne parle que d'une seule chose; et le *pluriel*, quand on parle de plusieurs.

D. *Donnez-en quelques exemples ?*

R. *Un homme* est au singulier; *des hommes* sont au pluriel. *Le livre* est au singulier; *les livres* sont au pluriel. *La table* est au singulier; *les tables* sont au pluriel.

D. *Qu'est-ce que le cas ?*

R. C'est une manière d'exprimer les différents rapports que les choses ont les unes aux autres.

D. *Combien y a-t-il de cas?*

R. Six : le *nominatif*, le *génitif*, le *datif*, l'*accusatif*, le *vocatif*, l'*ablatif*.

D. *A quelles parties du discours conviennent les genres, les nombres et les cas ?*

R. Aux noms, aux articles, aux pronoms, et aux participes.

CHAPITRE III.

Du Nom.

D. QU'EST-CE *qu'un nom ?*

R. C'est un mot qui sert à nommer ou à qualifier quelque chose.

D. *Combien y a-t-il de sortes de noms ?*

R. Deux ; le nom substantif, et le nom adjectif.

D. *Qu'est-ce que le nom substantif ?*

R. C'est celui qui signifie simplement la chose, et qui subsiste de lui-même dans le discours, comme *ciel*, *terre*, *arbre*, etc.

D. *Qu'est-ce que le nom adjectif ?*

R. C'est celui qui sert à qualifier la chose, c'est-à-dire, qui en exprime quelque qualité, ou qui marque de quelle façon elle est, comme *rouge*, *aimable*, *généreux*, etc.

D. *Quelle différence y a-t-il donc entre un nom substantif et un nom adjectif ?*

R. Un nom substantif n'a pas besoin d'être joint à un autre nom pour être entendu. Ainsi, on entend bien ce que veut dire, *habit*, *enfant*, *cœur*, etc.

Mais un nom adjectif suppose toujours un substantif auquel il se rapporte, et sans lequel il ne peut être entendu. Ainsi, *rouge*, *aimable*, *généreux*, ne s'entendent clairement que quand on y joint des noms substantifs ; comme quand on dit, *un habit rouge, un enfant aimable, un cœur généreux.*

D. *Donnez-moi une règle pour distinguer un nom substantif d'avec un nom adjectif?*

R. Un nom est substantif quand on ne peut y joindre ni le mot *chose*, ni le mot *personne ;* et il est adjectif, quand on peut y joindre l'un ou l'autre de ces deux mots.

D. *Appliquez cette règle à quelques noms?*

R. *Table, livre*, sont des noms substantifs, parce que je ne puis pas dire, *chose table, chose livre*, ni *personne table, personne livre*; mais *agréable, habile*, sont des noms adjectifs, parce que je puis dire, *chose agréable, une personne habile.*

D. *Combien y a-t-il de sortes de noms substantifs?*

R. Il y en a de deux sortes : les noms *communs* et les noms *propres.*

D. *Qu'est-ce que les noms communs?*

R. Ce sont ceux qui conviennent à plusieurs choses semblables, comme les noms d'*ange*, d'*homme*, et de *cheval*, qui conviennent à tous les anges, à tous les hommes, et à tous les chevaux.

D. *Qu'est-ce que les noms propres?*

R. Ce sont ceux qui ne conviennent qu'à une seule personne, ou à une seule chose, comme les noms de *Cicéron* et de *Paris*, qui ne conviennent qu'à un seul homme et à une seule ville.

D. *Qu'est-ce que les noms de nombre ?*

R. Ce sont des noms adjectifs dont on se sert pour compter.

D. *Combien y en a-t-il de sortes ?*

R. Il y en a de deux sortes : les noms de nombre *absolus*, et les noms de nombre *ordinaux*.

D. *Quels sont les noms de nombre absolus ?*

R. Ce sont : *un* ou *une*, *deux*, *trois*, *quatre*, *cinq*, *six*, *sept*, *huit*, *neuf*, *dix*, *onze*, *douze*, *treize*, *quatorze*, *quinze*, *seize*, *dix-sept*, *dix-huit*, *dix-neuf*, *vingt*, *trente*, *quarante*, *cinquante*, *soixante*, *soixante-dix*, *quatre-vingt*, *quatre-vingt-dix*, *cent*, *deux cents*, *mille*, *deux mille*, etc.

D. *Quels sont les noms de nombre ordinaux ?*

R. Ce sont : *le premier* ou *la première*, *le second* ou *la seconde*, *le troisième* ou *la troisième*, *le quatrième*, *le cinquième*, *le sixième*, *le septième*, *le huitième*, *le neuvième*, *le dixième*, etc.

D. *Comment connoît-on le genre des noms ?*

R. Les noms avant lesquels on peut mettre *le* ou *un*, sont masculins ; et les noms avant lesquels on peut mettre *la* ou *une*, sont féminins. Ainsi, *château* est du masculin, parce qu'on peut dire, *le château* ou *un château* ; et *porte* est du féminin, parce qu'on peut dire, *la porte* ou *une porte*.

D. *Peut-on mettre* le *ou* la *avant les noms qui commencent par une voyelle ou par une* h *non aspirée?*

R. Non : car on ne dit pas, *le oiseau, la espérance, le homme, la humeur;* mais *l'oiseau, l'espérance, l'homme, l'humeur.*

D. *Que fait-on pour connoître le genre de ces noms?*

R. On y ajoute un nom adjectif qui commence par une consonne, comme *bon, beau,* ou *grand.* Ainsi, en disant, *le bel oiseau, la bonne espérance, le grand homme, la belle humeur,* on connoît qu'*oiseau* et *homme* sont du masculin, et *espérance* et *humeur* du féminin.

D. *Quels genres conviennent au nom substantif et au nom adjectif?*

R. Le nom substantif n'est ordinairement que d'un genre, du masculin ou du féminin, mais le nom adjectif est toujours des deux. Ainsi, on dit bien, *le bon, la bonne*; mais on ne dit pas *le père, la père* : il faut dire seulement *le père.* On dit, *la chambre,* et non *le chambre.*

D. *Ne connoît-on le genre des noms que par* le *et* la, *ou par* un *et* une?

R. On ne connoît que par ces mots le genre des noms substantifs; mais le genre des noms adjectifs se connoît encore par la différence de leurs terminaisons, c'est-à-dire, de leurs dernières lettres. Par exemple, l'adjectif *bon* fait *bonne* au féminin; *beau* fait *belle,* etc.

D. *N'y a-t-il pas quelques règles pour connoître quelles sont les terminaisons des noms adjectifs par rapport aux deux genres?*

R. Oui : il y en a deux générales.

1. Tous les noms adjectifs terminés au masculin par un *e* muet, ne changent pas de terminaison au féminin. Ainsi, *honnête* et *fidèle*, font au féminin, *honnête* et *fidèle*; et on dit, *un honnête homme, une honnête femme; un homme fidèle, une femme fidèle.*

2. Les autres noms adjectifs qui ne sont pas terminés au masculin par un *e* muet, en prennent un au féminin. Ainsi, *grand* fait au féminin *grande*; *charmant* fait *charmante* : et on dit, *un grand palais, une grande chambre; un jardin charmant, une fleur charmante.*

D. *Ces deux règles générales n'ont-elles pas d'exceptions?*

R. La première n'en souffre pas; mais il y en a quelques-unes pour la seconde, que l'on trouvera dans le Livre des Principes.

D. *Comment connoît-on qu'un nom est au singulier ou au pluriel?*

R. Un nom est au singulier, quand il n'exprime qu'une seule chose, et qu'il est, ou qu'il peut être précédé de *le* ou de *la*, comme *le château, la porte.*

Un nom est au pluriel, quand il exprime plusieurs choses, et qu'il est, ou qu'il peut être précédé de *les*, comme *les châteaux, les portes.*

D. *N'y a-t-il pas encore une autre manière de distinguer les nombres des noms?*

R. Oui : la plupart des noms, tant substantifs qu'adjectifs, ont des terminaisons différentes au singulier et au pluriel.

D. *Donnez-moi une règle générale pour cette différence de terminaisons?*

R. Quand un nom n'est pas terminé par une *s* au singulier, il faut y en ajouter une au pluriel, comme *le père, les pères; la maison, les maisons; le livre utile, les livres utiles; la bonté, les bontés; l'amitié, les amitiés*, etc.

D. *Y a-t-il des exceptions à cette règle?*

R. Il y en a trois principales.

1. Les noms terminés au singulier par *au, eu, ou*, prennent un *x* au pluriel, comme *le bateau, les bateaux*; *le feu, les feux; le caillou, les cailloux.*

2. La plupart des noms terminés au singulier par *al* et *ail*, font leur pluriel en *aux*, comme *le cheval*, *les chevaux; le travail*, *les travaux.*

3. Les noms terminés au singulier par *s*, *z*, ou *x*, gardent ces lettres au pluriel, comme *le fils, les fils; le nez, les nez; la voix, les voix.*

Des degrés de comparaison.

D. *Qu'est-ce que les degrés de comparaison?*

R. Ce sont les différentes manières d'exprimer les qualités des choses avec plus ou moins d'étendue.

D. *A quels noms conviennent les degrés de comparaison?*

R. Aux seuls noms adjectifs.

D. *Combien y a-t-il de degrés de comparaison ?*

R. Trois : le *positif*, le *comparatif*, et le *superlatif*.

D. *Comment exprime-t-on le positif?*

R. Par l'adjectif simplement, sans y rien ajouter. Ainsi, *beau*, *grand*, *habile*, sont des adjectifs positifs.

D. *Combien y a-t-il de sortes de comparatifs ?*

R. Il y en a de trois sortes.

1. Le *comparatif d'égalité*, qui se forme en mettant les mots *autant*, *aussi*, ou *si*, avant les adjectifs : comme quand on dit : *Vous êtes* autant *habile*, *ou* aussi *habile que votre frère*.

2. Le *comparatif d'excès*, qui se forme en mettant le mot *plus* avant les adjectifs : comme quand on dit, *l'histoire est* plus *utile que la musique*.

3. Le *comparatif de défaut*, qui se forme en mettant le mot *moins* avant les adjectifs : comme quand on dit, *Alexandre étoit* moins *prudent que César*.

Les noms des choses comparées l'une à l'autre, sont ordinairement liés par le mot *que*, comme on le voit dans les exemples précédents.

D. *N'y a-t-il pas quelques comparatifs qui s'expriment en françois par un seul mot?*

R. Oui : et ce sont les adjectifs *meilleur*, *pire* et *moindre*, qui signifient la même chose que *plus bon*, *plus mauvais*, *plus petit.*

D. *Combien y a-t-il de sortes de superlatifs ?*

R. Il y en a de deux sortes ; le *superlatif absolu* et le *superlatif relatif.*

D. *Comment se forment-ils ?*

R. 1. Le *superlatif absolu* se forme en mettant *très* ou *fort* avant les noms adjectifs : comme quand on dit, *Cicéron étoit* très-*éloquent. Votre procédé est* fort *honnête.*

2. Le *superlatif relatif* se forme en mettant *le*, *du*, *au*, *la*, *de la*, *à la*, *les*, *des*, *aux*, avant les comparatifs d'excès et de défaut ; comme quand on dit : *Alexandre étoit* le plus *brave des hommes. Ma sœur est* la plus *heureuse des femmes.* La meilleure *de toutes les sciences est celle du salut.* Le moindre *mensonge est un péché.*

D. *Dans quelle occasion les comparatifs d'excès et de défaut deviennent-ils encore superlatifs relatifs ?*

R. C'est quand ils sont précédés de *mon*, *ma*, *mes*, *ton*, *ta*, *tes*, *son*, *sa*, *ses*, *notre*, *nos*, *votre*, *vos* et *leur* : comme dans *mon plus grand chagrin*, *sa meilleure robe*, *votre moindre affaire* ; c'est-à-dire, *le plus grand chagrin de moi, la meilleure robe de lui* ou *d'elle, la moindre affaire de vous.*

CHAPITRE IV.

Des Articles.

D. *Qu'est-ce que les articles ?*

R. Ce sont de petits mots qui se mettent avant les noms, et qui en font ordinairement connoître le genre, le nombre, et le cas.

D. *Combien y a-t-il de sortes d'articles ?*

R. Il y en a de quatre sortes : les *articles définis*, les *articles indéfinis*, les *articles partitifs*, et l'*article* un, une.

D. *Quels sont les articles définis ?*

R. Ce sont :

le, *la*, *les*.
du, *de la*, *des*.
au, *à la*, *aux*.

D. *Comment connoît-on par le moyen de ces articles, le genre et le nombre des noms ?*

R. En ce que *le*, *du*, *au*, se mettent avant les noms masculins, au singulier ; *la*, *de la*, *à la*, avant les noms féminins au singulier ; et *les*, *des*, *aux*, avant les noms des deux genres au pluriel.

D. *Comment ces mêmes articles font-ils connoître les cas des noms ?*

R. En ce qu'un nom est au nominatif ou

à

à l'accusatif, quand il est précédé de *le, la,* ou *les*; qu'il est au génitif ou à l'ablatif, quand il est précédé de *du, de la,* ou *des*; et qu'il est au datif, quand il est précédé de *au, à la,* ou *aux.*

D. *On ne met donc pas d'article avant les noms au vocatif?*

R. Non : mais quelquefois l'interjection *ô*, comme, *ô prince, ô table.*

D. *Ces articles définis se mettent-ils avant toutes sortes de noms?*

R. *Le, du, au,* et *la, de la, à la,* ne se mettent qu'avant les noms masculins ou féminins qui commencent par une consonne ou par une *h* aspirée, comme *le prince, du prince, au prince; le héros, du héros, au héros; la table, de la table, à la table; la haine, de la haine, à la haine.*

Mais, avant les noms masculins et féminins au singulier, qui commencent par une voyelle ou par une *h* non aspirée, on met une *l* avec l'apostrophe (') pour le nominatif et l'accusatif, en y ajoutant *de* pour le génitif et l'ablatif, et *à* pour le datif. Ainsi, au lieu de dire, *le amour, la âme, le honneur,* on dit, *l'amour, l'âme, l'honneur; de l'amour, de l'âme, de l'honneur; à l'amour, à l'âme, à l'honneur.*

Les, des, aux, se mettent avant toutes sortes de noms au pluriel, par quelque lettre qu'ils commencent.

D. *Qu'entendez-vous par* décliner un nom?

R. J'entends réciter un nom avec les articles.

D. *Déclinez, avec l'article défini, un nom masculin qui commence par une consonne?*

R. SINGULIER. PLURIEL.

Singulier		Pluriel	
Nominatif. .	*le* Prince.	Nominatif. .	*les* Princes.
Génitif. . .	*du* Prince.	Génitif. . .	*des* Princes.
Datif. . . .	*au* Prince.	Datif. . . .	*aux* Princes.
Accusatif. .	*le* Prince.	Accusatif. .	*les* Princes.
Vocatif. . .	*ô* Prince.	Vocatif. . .	*ô* Princes.
Ablatif. . .	*du* Prince.	Ablatif. . .	*des* Princes.

D. *Déclinez, avec le même article, un nom féminin qui commence par une consonne?*

R. SINGULIER. PLURIEL.

Singulier		Pluriel	
Nom. . . .	*la* Table.	Nom. . . .	*les* Tables.
Gén. . .	*de la* Table.	Gén. . . .	*des* Tables.
Dat. . .	*à la* Table.	Dat. . . .	*aux* Tables.
Acc. . . .	*la* Table.	Acc. . . .	*les* Tables.
Voc. . . .	*ô* Table.	Voc. . . .	*ô* Tables.
Abl. . .	*de la* Table.	Abl. . . .	*des* Tables.

D. *Déclinez un nom masculin, qui commence par une voyelle?*

R. SINGULIER. PLURIEL.

Singulier		Pluriel	
Nom. . .	*l'*Amour.	Nom. . .	*les* Amours.
Gén.. . .	*de l'*Amour.	Gén.. . .	*des* Amours.
Dat. . . .	*à l'*Amour.	Dat. . .	*aux* Amours.
Acc.. . .	*l'*Amour.	Acc.. . .	*les* Amours.
Voc.. . .	*ô* Amour.	Voc. . .	*ô* Amours.
Abl.. . .	*de l'*Amour.	Abl.. . .	*des* Amours.

D. *Déclinez un nom féminin qui commence par une voyelle?*

R. SINGULIER.		PLURIEL.	
Nom. . . .	*l'*Ame.	Nom. . .	*les* Ames.
Gén. . . .	*de l'*Ame.	Gén.. . .	*des* Ames.
Dat.. . . .	*à l'*Ame.	Dat. . . .	*aux* Ames.
Acc. . . .	*l'*Ame.	Acc.. . .	*les* Ames.
Voc. . . .	*ô* Ame.	Voc.. . .	*ô* Ames.
Abl. . . .	*de l'*Ame.	Abl.. . .	*des* Ames.

D. *Déclinez un nom masculin qui commence par une* h *non aspirée?*

R. SINGULIER.		PLURIEL.	
Nom. . .	*l'*Honneur.	Nom.. . .	*les* Honneurs.
Gén. . .	*de l'*Honneur.	Gén. . .	*des* Honneurs.
Dat.. . .	*à l'*Honneur.	Dat. . .	*aux* Honneurs.
Acc. . .	*l'*Honneur.	Acc. . .	*les* Honneurs.
Voc. . .	*ô* Honneur.	Voc. . .	*ô* Honneurs.
Abl.. . .	*de l'*Honneur.	Abl. . .	*des* Honneurs.

Les noms féminins commençant par une *h* non aspirée, se déclinent comme *l'honneur*.

D. *Quels sont les articles indéfinis?*

R. Ce sont *de* et *à*, lorsqu'ils sont seuls avant les mots, comme *de Dieu, à Dieu*.

D. *Ces articles font-ils connoître le genre et le nombre des noms?*

R. Non : parce qu'ils se mettent également avant les noms masculins et féminins, singuliers et pluriels.

D. *De quels cas sont-ils la marque?*

R. *De* est la marque du génitif ou de l'ablatif, et *à* est la marque du datif.

D. *Que fait-on quand* de *est avant un*

nom qui commence par une voyelle ou par une h *non aspirée ?*

R. On en supprime la voyelle *e*, à la place de laquelle on met l'apostrophe ('): ainsi, au lieu de dire, *une somme de argent*, *un livre de histoire*, on dit, *une somme d'argent*, *un livre d'histoire*.

D. *Déclinez, avec ces articles, un nom masculin qui commence par une consonne ?*

R. SINGULIER.

Nom. . . .	Dieu.	Acc.	Dieu.
Gén	*de* Dieu.	Voc.	*ô* Dieu.
Dat.	*à* Dieu.	Abl.	*de* Dieu.

D. *Déclinez, avec ces mêmes articles, un nom féminin qui commence par une consonne ?*

R. SINGULIER.

Nom. . . .	Rome.	Acc. . . .	Rome.
Gén.. . . .	*de* Rome.	Voc. . . .	*ô* Rome.
Dat.	*à* Rome.	Abl. . . .	*de* Rome.

D. *Déclinez des noms qui commencent par une voyelle et par une* h *non aspirée ?*

R. SINGULIER.

Nom. . . .	Antoine.	Acc. . . .	Antoine.
Gén. . . .	*d'*Antoine.	Voc. . . .	*ô* Antoine.
Dat. . . .	*à* Antoine.	Abl. . . .	*d'*Antoine.

Autre : SINGULIER.

Nom. . .	Angélique.	Acc. . .	Angélique.
Gén.. . .	*d'*Angélique.	Voc. . .	*ô* Angélique.
Dat. . . .	*à* Angélique.	Abl. . .	*d'*Angélique.

Autre : SINGULIER.

Nom. . . .	Hercule.	Acc.	Hercule.
Gén. . . .	*d'*Hercule.	Voc. . . .	*ô* Hercule.
Dat. . . .	*à* Hercule.	Abl. . . .	*d'*Hercule.

D. *Quels sont les articles partitifs ?*

R. Ce sont les génitifs des articles définis et indéfinis, c'est-à-dire, *du*, *de la*, *de l'*, *des* et *de*, lorsqu'ils sont employés comme nominatifs ou accusatifs.

Le génitif ou l'ablatif de ces articles est simplement *de*.

Leur datif est *à du*, *à de la*, *à de l'*, *à des*, *à de*.

D. *Déclinez des noms avec les articles partitifs ?*

R. Nom du masculin.

SINGULIER.		PLURIEL.	
Nom. . . .	*du* Pain.	Nom. . . .	*des* Pains.
Gén.. . . .	*de* Pain.	Gén.. . . .	*de* Pains.
Dat.. . . .	*à du* Pain.	Dat. . . .	*à des* Pains.
Acc.. . . .	*du* Pain.	Acc.. . . .	*des* Pains.
Voc.		Voc..	
Abl.. . . .	*de* Pain.	Abl.. . . .	*de* Pains.

Nom du féminin.

SINGULIER.		PLURIEL.	
Nom. . .	*de la* Viande.	Nom. . .	*des* Viandes.
Gén. . .	*de* Viande.	Gén.. . .	*de* Viandes.
Dat.. .	*à de la* Viande.	Dat. . .	*à des* Viandes.
Acc. . .	*de la* Viande.	Acc.. . .	*des* Viandes.
Voc.		Voc..	
Abl.. . .	*de* Viande.	Abl.. . .	*de* Viandes.

Autre nom du masculin commençant par une voyelle.

SINGULIER.		PLURIEL.	
Nom.......	*de l'*Esprit.	Nom......	*des* Esprits.
Gén........	*d'*Esprit.	Gén.......	*d'*Esprits.
Dat......	*à de l'*Esprit.	Dat......	*à des* Esprits.
Acc........	*de l'*Esprit.	Acc.......	*des* Esprits.
Voc................		Voc................	
Abl........	*d'*Esprit.	Abl........	*d'*Esprits.

Autre du féminin commençant par une voyelle.

SINGULIER.		PLURIEL.	
Nom........	*de l'*Eau.	Nom........	*des* Eaux.
Gén.........	*d'*Eau.	Gén.........	*d'*Eaux.
Dat........	*à de l'*Eau.	Dat.......	*à des* Eaux.
Acc..........	*de l'*Eau.	Acc.........	*des* Eaux.
Voc................		Voc................	
Abl..........	*d'*Eau.	Abl.........	*d'*Eaux.

Autre du masculin commençant par une *h* non aspirée.

SINGULIER.		PLURIEL.	
Nom....	*de l'*Honneur.	Nom....	*des* Honneurs.
Gén.....	*d'*Honneur.	Gén....	*d'*Honneurs.
Dat....	*à de l'*Honneur.	Dat....	*à des* Honneurs.
Acc.....	*de l'*Honneur.	Acc.....	*des* Honneurs.
Voc................		Voc................	
Abl.....	*d'*Honneur.	Abl.....	*d'*Honneurs.

Autres noms du masculin et du féminin, avec l'article partitif *de*.

SINGULIER.		
Nom.......	*de* bon Pain.	..... *de* bonne Viande.
Gén........	*de* bon Pain.	..... *de* bonne Viande.
Dat.......	*à de* bon Pain.	... *à de* bonne Viande.
Acc........	*de* bon Pain.	..... *de* bonne Viande.
Voc................		....
Abl........	*de* bon Pain.	..... *de* bonne Viande.

PLURIEL.

Nom....	*de* bons Pains.....	*de* bonnes Viandes.
Gén.....	*de* bons Pains.....	*de* bonnes Viandes.
Dat.....	*à de* bons Pains.....	*à de* bonnes Viandes.
Acc.....	*de* bons Pains.....	*de* bonnes Viandes.
Voc.....	.....	.....
Abl.....	*de* bons Pains.....	*de* bonnes Viandes.

Autre avec l'article *un*, *une*.

SINGULIER.

Nom........	*un* Homme.......	*une* Femme.
Gén........	*d'un* Homme.......	*d'une* Femme.
Dat........	*à un* Homme.......	*à une* Femme.
Acc........	*un* Homme.......	*une* Femme.
Voc........	....	....
Abl........	*d'un* Homme.......	*d'une* Femme.

PLURIEL.

Nom.......	*des* Hommes.......	*des* Femmes.
Gén.......	*d'*Hommes.......	*de* Femmes.
Dat.......	*à des* Hommes.......	*à des* Femmes.
Acc.......	*des* Hommes.......	*des* Femmes.
Voc.......	....	....
Abl.......	*d'*Hommes.......	*de* Femmes.

CHAPITRE V.

Du Pronom.

D. *Qu'est-ce qu'un pronom ?*

R. C'est un mot qui tient ordinairement la place du nom.

D. *Combien y a-t-il de sortes de pronoms ?*

R. Il y en a de sept sortes, savoir : *pro-*

noms personnels ; pronoms conjonctifs ; pronoms possessifs ; pronoms démonstratifs ; pronoms relatifs ; pronoms absolus ; pronoms indéfinis.

ARTICLE I.

Des pronoms personnels.

D. *QU'EST-CE que les pronoms personnels ?*

R. Ce sont ceux qui marquent directement les personnes, ou qui en tiennent la place.

D. *Combien y a-t-il de personnes ?*

R. Trois.

La première est celle qui parle ;

La seconde est celle à qui l'on parle ;

La troisième est celle de qui l'on parle.

D. *Quels sont les pronoms de chacune de ces trois personnes ?*

R. Les pronoms personnels de la première personne, sont :

Je et *Moi*, pour le singulier ; et

Nous, pour le pluriel.

Ils sont des deux genres.

Les pronoms personnels de la seconde personne, sont :

Tu et *Toi*, pour le singulier ; et

Vous, pour le pluriel.

Ils sont aussi des deux genres.

Les pronoms personnels de la troisième personne, sont :

Il et *Lui*, pour le singulier, } masculin.
Ils et *Eux*, pour le Pluriel, }

Elle, pour le singulier, } féminin.
Elles, pour le pluriel, }

D. *Comment se déclinent ces pronoms?*

R. Ils se déclinent avec l'article indéfini.

D. *Déclinez-les de suite?*

R. Pronoms de la première personne.

SINGULIER.		PLURIEL.	
Nom.	Je *ou* Moi.	*Nom.*	Nous.
Gén.	*de* Moi.	*Gén.*	*de* Nous.
Dat.	*à* Moi.	*Dat.*	*à* Nous.
Acc.	Moi.	*Acc.*	Nous.
Voc.	. . . . . .	*Voc.*	. . . . . .
Abl.	*de* Moi.	*Abl.*	*de* Nous.

Pronoms de la deuxième personne.

SINGULIER.		PLURIEL.	
Nom.	Tu *ou* Toi.	*Nom.*	Vous.
Gén.	*de* Toi.	*Gén.*	*de* Vous.
Dat.	*à* Toi.	*Dat.*	*à* Vous.
Acc.	Toi.	*Acc.*	Vous.
Voc.	*ô* Toi.	*Voc.*	*ô* Vous.
Abl.	*de* Toi.	*Abl.*	*de* Vous.

Pronoms de la troisième personne,
pour le masculin.

SINGULIER.		PLURIEL.	
Nom.	Il *ou* Lui.	*Nom.*	Ils *ou* Eux.
Gén.	*de* Lui.	*Gén.*	*d'*Eux.
Dat.	*à* Lui.	*Dat.*	*à* Eux.
Acc.	Lui.	*Acc.*	Eux.
Voc.	. . . . . .	*Voc.*	. . . . . .
Abl.	*de* Lui.	*Abl.*	*d'*Eux.

Pronoms de la troisième personne, pour le féminin.

SINGULIER.		PLURIEL.	
Nom.	Elle.	*Nom.*	Elles.
Gén.	d'Elle.	*Gén.*	d'Elles.
Dat.	à Elle.	*Dat.*	à Elles.
Acc.	Elle.	*Acc.*	Elles.
Voc.	.	*Voc.*	.
Abl.	d'Elle.	*Abl.*	d'Elles.

D. *N'y a-t-il pas d'autres pronoms personnels ?*

R. Il y en a encore deux de la troisième personne; savoir, le pronom réfléchi *Soi*, et le pronom général *On*.

D. *Comment se décline le pronom réfléchi* Soi ?

R. Il se décline comme les autres, excepté qu'il n'a pas de nominatif au singulier.

D. *Déclinez-le ?*

R. SINGULIER.

Nom.	.
Gén.	*de* Soi.
Dat.	*à* Soi.
Acc.	Soi.
Voc.	.
Abl.	*de* Soi.

PLURIEL.

Nom.	Eux-mêmes,	*ou*	Elles-mêmes.
Gén.	d'Eux-mêmes,	*ou*	d'Elles-mêmes.
Dat.	à Eux-mêmes,	*ou*	à Elles-mêmes.
Acc.	Eux-mêmes,	*ou*	Elles-mêmes.
Voc.	.		.
Abl.	d'Eux-mêmes,	*ou*	d'Elles-mêmes.

D. *Qu'est-ce que le pronom général* On ?

R. C'est un pronom qui marque une espèce de troisième personne générale et indéterminée : comme quand je dis, *on étudie, on joue, on mange;* c'est comme si je disois, d'une maniere générale, *les hommes étudient, les hommes jouent, les hommes mangent.*

L'on se met souvent à la place de *on*, et on dit également, *l'on étudie, l'on joue, l'on mange.*

D. *Ce pronom se décline-t-il ?*

R. Non; mais il est toujours regardé comme un nominatif singulier masculin.

ARTICLE II.

Des Pronoms conjonctifs.

D. QU'EST-CE *que les pronoms conjonctifs ?*

R. Ce sont des pronoms qui se mettent ordinairement pour les cas des pronoms personnels.

D. *Combien y a-t-il de sortes de pronoms conjonctifs ?*

R Il y en a autant de sortes qu'il y a de personnes, c'est-à-dire, de trois sortes.

D. *Distinguez-les par rapport aux trois personnes ?*

R. Les pronoms conjonctifs de la première personne, sont :

Me, pour le singulier, et
Nous, pour le pluriel.
Ceux de la deuxième personne, sont :
Te, pour le singulier, et
Vous, pour le pluriel.
Ceux de la troisième personne sont :
Lui, *le*, *la*, pour le singulier;
Les, *leur*, pour le pluriel;
Se, pour le singulier et le pluriel.

Il y en a deux qui conviennent aux trois personnes; savoir :
En et *y*, pour le singulier et le pluriel.

D. *De quel genre sont tous ces pronoms?*

R. Ils sont des deux genres, à l'exception de *le*, qui n'est que pour le masculin, et de *la*, qui n'est que pour le féminin.

D. *Ces pronoms se déclinent-ils ?*

R. Non; car on n'y joint aucun article.

D. Expliquez-moi comment ces pronoms conjonctifs se mettent pour les cas des pronoms personnels ?

R. 1. Il y en a cinq qui se mettent pour les datifs ou accusatifs des pronoms personnels. Ce sont *me*, *nous*, *te*, *vous* et *se*.

ME, pour *A MOI* ou *MOI*. *Vous ME donnez un livre; vous ME regardez* : c'est-à-dire ; *vous donnez un livre à MOI; vous regardez MOI.*

NOUS, pour *A NOUS* ou *NOUS*. *On NOUS accorde une grâce; le Ciel NOUS favorise* : c'est-à-dire; *on accorde une grâce A NOUS; le Ciel favorise NOUS.*

Te, pour *A TOI* ou *TOI*. *Ton maître TE donnera une récompense ; ton maître TE punira :* c'est-à-dire ; *ton maître donnera une récompense A TOI ; ton maître punira TOI.*

Vous, pour *A VOUS* ou *VOUS*. *Je VOUS porterai de l'argent ; je vous estime :* c'est-à-dire ; *je porterai de l'argent A VOUS ; j'estime VOUS.*

Se, pour *A SOI* ou *SOI*, *A EUX-MÊMES A ELLES-MÊMES*, ou pour *EUX-MÊMES, ELLES-MÊMES*. *Pierre SE donne des louanges ; les femmes doivent s'instruire :* c'est-à-dire ; *Pierre donne des louanges A SOI ; les femmes doivent s'instruire ELLES-MÊMES.*

2. Il y en a trois qui ne se mettent que pour le datif; savoir, *lui* et *leur* pour le datif des pronoms personnels, et *y* pour le datif de quelque nom.

Lui, pour *A LUI* ou *A ELLE*. *Je LUI dois du respect :* c'est-à-dire; *je dois du respect A LUI* ou *A ELLE.*

Leur, pour *A EUX* ou *A ELLES*. *Je LEUR fais grâce :* c'est-à-dire ; *je fais grâce A EUX* ou *A ELLES.*

Y, pour *A CETTE CHOSE* ou *A CES CHOSES*. *Je m'Y applique :* c'est-à-dire ; *je m'applique A CETTE CHOSE* ou *A CES CHOSES.*

3. Il y en a trois qui ne se mettent que pour l'accusatif des pronoms personnels ou de quelque nom. Ce sont, *le*, *la*, *les*.

Le, pour *LUI* ou *CELA*. *Je LE connois ;*

vous LE *savez* : c'est-à-dire ; *je connois* LUI ; *vous savez* CELA.

LA, pour ELLE ou *CETTE CHOSE*. *Je* LA *flatte ; nous* LA *considérons* : c'est-à-dire ; *je flatte* ELLE ; *nous considérons* CETTE CHOSE.

LES, pour *EUX*, ou ELLES, ou *CES CHOSES*. *Je* LES *aime ; il faut* LES *rendre* : c'est à-dire ; *j'aime* EUX ou ELLES ; *il faut rendre* CES CHOSES.

4. Il y en a un ; savoir, *en*, qui tient lieu du génitif ou de l'ablatif de tous les pronoms personnels ou de quelque nom. Ainsi, *j'*EN *parle*, peut signifier, *je parle de moi, de nous, de toi, de vous, de lui, d'elle, d'eux, d'elles, de cela, de cette chose*, ou *de ces choses.*

ARTICLE III.

Des Pronoms possessifs.

D. *QU'EST-CE que les pronoms possessifs ?*

R. Ce sont des pronoms qui marquent possession : comme quand je dis, *MON habit, VOTRE chapeau, SON livre* ; c'est-à-dire, *l'habit que je possède, le chapeau qui vous appartient, le livre qui est à lui.*

D. *Combien y a-t-il de sortes de pronoms possessifs ?*

R. Il y en a de deux sortes ; les pronoms

possessifs absolus, et les pronoms possessifs relatifs.

D. *Qu'est-ce que les pronoms possessifs absolus ?*

R. Ce sont ceux qui se joignent toujours à un nom substantif, comme *MON habit.*

D. *Qu'est-ce que les pronoms possessifs relatifs ?*

R. Ce sont ceux qui se rapportent à un nom déjà exprimé : comme quand, après avoir parlé d'*habit*, je dis *LE MIEN*, c'est-à-dire, *mon habit.*

D. *De quelles personnes sont les pronoms possessifs, tant absolus que relatifs ?*

R. Il y en a pour les trois personnes, et ils se rapportent chacun à quelqu'un des pronoms personnels, tant singuliers que pluriels.

D. *Quels sont les pronoms possessifs absolus, et à quels pronoms personnels se rapportent-ils ?*

R. Ce sont :

SINGULIER.		PLURIEL.		
masc.	*fém.*	*des 2 genr.*		
Mon,	Ma,	Mes,	*qui se rapportent à. . . .*	*Moi.*
Ton,	Ta,	Tes,	*qui se rapportent à. . . .*	*Toi*
Son,	Sa,	Ses,	*qui se rapportent à Lui* ou *à Elle.*	
Nôtre,	Notre,	Nos,	*qui se rapportent à. . . .*	*Nous.*
Votre,	Votre,	Vos,	*qui se rapportent à. . . .*	*Vous.*
Leur,	Leur,	Leurs,	*qui se rapportent à Eux* ou *à Elles.*	

D. *Quels sont les pronoms possessifs*

relatifs, et les pronoms personnels auxquels ils se rapportent?

R. Ce sont :

SINGULIER.		PLURIEL.		qui se rapportent à
masc.	*fémin.*	*masc.*	*fémin.*	
le Mien,	la Mienne,	les Miens,	les Miennes, . .	*Moi.*
le Tien,	la Tienne,	les Tiens,	les Tiennes, . .	*Toi.*
le Sien,	la Sienne,	les Siens,	les Siennes,	*Lui* ou *Elle.*
le Nôtre,	la Nôtre,	les Nôtres,	les Nôtres, . . .	*Nous.*
le Vôtre,	la Vôtre,	les Vôtres,	les Vôtres, . . .	*Vous.*
le Leur,	la Leur,	les Leurs,	les Leurs,	*Eux* ou *Elles.*

D. *Pourquoi ces mots sont-ils mis au rang des pronoms?*

R. Parce qu'ils tiennent la place des pronoms personnels ou des noms au génitif. Ainsi, *mon ouvrage, notre devoir, ton habit, votre maître, son cheval, leur livre,* signifient *l'ouvrage de moi, le devoir de nous, l'habit de toi, le maître de vous, le cheval de lui* ou *de Pierre, le livre d'eux.*

Il en est de même des pronoms possessifs relatifs.

D. *Pourquoi avez-vous mis un accent circonflexe sur* nôtre, vôtre, *possessifs relatifs, et n'en avez-vous pas mis sur* notre, votre, *possessifs absolus?*

R. Parce que la voyelle *ô*, dans *nôtre, vôtre,* possessifs relatifs, est toujours longue, et qu'elle est brève dans *notre, votre,* possessifs absolus.

D. *Quels articles prennent les pronoms possessifs?*

R. Les possessifs absolus prennent l'article indéfini, et les possessifs relatifs prennent l'article défini.

D. *Déclinez-les de suite, en joignant les masculins aux féminins; et, pour vous exercer, ajoutez-y des noms.*

R. SINGULIER.

	Masculin.	*Féminin.*
Nom.	*mon* Livre.	*ma* Plume.
Gén.	*de mon* Livre.	*de ma* Plume.
Dat.	*à mon* Livre.	*à ma* Plume.
Acc.	*mon* Livre.	*ma* Plume.
Voc.	*ô mon* Livre.	*ô ma* Plume.
Abl.	*de mon* Livre.	*de ma* Plume.

PLURIEL.

Nom.	*mes* Livres.	*mes* Plumes.
Gén.	*de mes* Livres.	*de mes* Plumes.
Dat.	*à mes* Livres.	*à mes* Plumes.
Acc.	*mes* Livres.	*mes* Plumes.
Voc.	*ô mes* Livres.	*ô mes* Plumes.
Abl.	*de mes* Livres.	*de mes* Plumes.

SINGULIER.

Nom.	*ton* Ami.	*ta* Maison.
Gén.	*de ton* Ami.	*de ta* Maison.
Dat.	*à ton* Ami.	*à ta* Maison.
Acc.	*ton* Ami.	*ta* Maison.
Voc.	. . . . . .	. . . . . .
Abl.	*de ton* Ami.	*de ta* Maison.

PLURIEL.

Nom.	*tes* Amis.	*tes* Maisons.
Gén.	*de tes* Amis.	*de tes* Maisons.
Dat.	*à tes* Amis.	*à tes* Maisons.
Acc.	*tes* Amis.	*tes* Maisons.
Voc.	. . . . . .	. . . . . .
Abl.	*de tes* Amis.	*de tes* Maisons.

SINGULIER.

	Masculin.	*Féminin.*
Nom.	*son* Cousin.	*sa* Cousine.
Gén.	*de son* Cousin.	*de sa* Cousine.
Dat.	*à son* Cousin.	*à sa* Cousine.
Acc.	*son* Cousin.	*sa* Cousine.
Voc.	. . . . . .	. . . . . .
Abl.	*de son* Cousin.	*de sa* Cousine.

PLURIEL.

Nom.	*ses* Cousins.	*ses* Cousines.
Gén.	*de ses* Cousins.	*de ses* Cousines.
Dat.	*à ses* Cousins.	*à ses* Cousines.
Acc.	*ses* Cousins.	*ses* Cousines.
Voc.	. . . . . .	. . . . . .
Abl.	*de ses* Cousins.	*de ses* Cousines.

SINGULIER.

Nom.	*notre* Frère.	*notre* Sœur.
Gén.	*de notre* Frère.	*de notre* Sœur.
Dat.	*à notre* Frère.	*à notre* Sœur.
Acc.	*notre* Frère.	*notre* Sœur.
Voc.	*ô notre* Frère.	*ô notre* Sœur.
Abl.	*de notre* Frère.	*de notre* Sœur.

PLURIEL.

Nom.	*nos* Frères.	*nos* Sœurs.
Gén.	*de nos* Frères.	*de nos* Sœurs.
Dat.	*à nos* Frères.	*à nos* Sœurs.
Acc.	*nos* Frères.	*nos* Sœurs.
Voc.	*ô nos* Frères.	*ô nos* Sœurs.
Abl.	*de nos* Frères.	*de nos* Sœurs.

SINGULIER.

Nom.	*votre* Lit.	*votre* Chambre.
Gén.	*de votre* Lit.	*de votre* Chambre.
Dat.	*à votre* Lit.	*à votre* Chambre.
Acc.	*votre* Lit.	*votre* Chambre.
Voc.	. . . . . .	. . . . . .
Abl.	*de votre* Lit.	*de votre* Chambre.

PLURIEL.

	Masculin.	*Féminin.*
Nom.	*vos* Lits.	*vos* Chambres.
Gén.	*de vos* Lits.	*de vos* Chambres.
Dat.	*à vos* Lits.	*à vos* Chambres.
Acc.	*vos* Lits.	*vos* Chambres.
Voc.	. . . . .	. . . . . .
Abl.	*de vos* Lits.	*de vos* Chambres.

SINGULIER.

Nom.	*leur* Papier.	*leur* Table.
Gén.	*de leur* Papier.	*de leur* Table.
Dat.	*à leur* Papier.	*à leur* Table.
Acc.	*leur* Papier.	*leur* Table.
Voc.	. . . . . .	. . . . . .
Abl.	*de leur* Papier.	*de leur* Table.

PLURIEL.

Nom.	*leurs* Papiers.	*leurs* Tables.
Gén.	*de leurs* Papiers.	*de leurs* Tables.
Dat.	*à leurs* Papiers.	*à leurs* Tables.
Acc.	*leurs* Papiers.	*leurs* Tables.
Voc.	. . . . . .	. . . . . .
Abl.	*de leurs* Papiers.	*de leurs* Tables.

SINGULIER.

Nom.	*le* Mien.	*la* Mienne.
Gén.	*du* Mien.	*de la* Mienne.
Dat.	*au* Mien.	*à la* Mienne.
Acc.	*le* Mien.	*la* Mienne.
Voc.	. . . . .	. . . . . .
Abl.	*du* Mien.	*de la* Mienne.

PLURIEL.

Nom.	*les* Miens.	*les* Miennes.
Gén.	*des* Miens.	*des* Miennes.
Dat.	*aux* Miens.	*aux* Miennes.
Acc.	*les* Miens.	*les* Miennes.
Voc.	. . . . . .	. . . . . .
Abl.	*des* Miens.	*des* Miennes.

SINGULIER.

	Masculin.	*Féminin.*
Nom.	*le* Leur.	*la* Leur.
Gén.	*du* Leur.	*de la* Leur.
Dat.	*au* Leur.	*à la* Leur.
Acc.	*le* Leur.	*la* Leur.
Voc.	. . . . .	. . . . .
Abl.	*du* Leur.	*de la* Leur.

PLURIEL.

Nom.	*les* Leurs.	*les* Leurs.
Gén.	*des* Leurs.	*des* Leurs.
Dat.	*aux* Leurs.	*aux* Leurs.
Acc.	*les* Leurs.	*les* Leurs.
Voc.	. . . . .	. . . . .
Abl.	*des* Leurs.	*des* Leurs.

Les autres pronoms possessifs relatifs se déclinent comme ces derniers.

D. Mon, ton, son, *au singulier, ne s'emploient-ils qu'avec les noms masculins?*

R. Ils s'emploient encore avec tous les noms féminins qui commencent par une voyelle ou par une *h* non aspirée. Ainsi, au lieu de dire : *ma âme, ta industrie, sa espérance*, on dit : *mon âme, ton industrie, son espérance,*

ARTICLE IV.

Des Pronoms démonstratifs.

D. QU'EST-CE *que les pronoms démonstratifs?*

R. Ce sont des pronoms qui servent à montrer quelque chose, comme quand je dis : *ce livre*, *cette table*, je montre un livre, une table.

D. *Quels sont ces pronoms ?*

R. Ce sont :

Masc.	SING.	Ce, Cet.	PLUR.	Ces.
Fém.	. . .	Cette.	. . . .	Ces.
Masc.	. . .	Celui.	. . . .	Ceux.
Fém.	. . .	Celle.	. . . .	Celles.
Masc.	. . .	Celui-ci.	. . . .	Ceux-ci.
Fém.	. . .	Celle-ci.	. . . .	Celles-ci.
Masc.	. . .	Celui-là.	. . . .	Ceux-là.
Fém.	. . .	Celle-là.	. . . .	Celles-là.
Masc.	. . .	{ Ceci. Cela.		

D. *Quand se sert-on de* ce *ou de* cet ?

R. On se sert de *ce* avant les noms masculins qui commencent par une consonne, ou par une *h* aspirée ; comme *ce palais*, *ce héros* ; et on se sert de *cet* avant les noms masculins qui commencent par une voyelle, ou par une *h* non aspirée, comme *cet oiseau*, *cet honneur*.

D. *Quelle différence y a-t-il entre* celui-ci, celle-ci, ceci, *et* celui-là, celle-là, cela?

R. C'est qu'on emploie les pronoms *celui-ci*, *celle-ci*, *ceci*, pour montrer des choses présentes, et les pronoms *celui-là*, *celle-là*, *cela*, pour montrer des choses plus éloignées.

D. *De quelle personne sont les pronoms démonstratifs ?*

R. Ils sont tous de la troisième personne.

D. *Quel article prennent-ils ?*

R. Ils prennent l'article indéfini.

D. *Déclinez-les, en joignant des noms à ceux qui peuvent en souffrir ?*

R. SINGULIER.

Nom.	*ce* Palais.	*cet* Oiseau.
Gén.	*de ce* Palais.	*de cet* Oiseau.
Dat.	*à ce* Palais.	*à cet* Oiseau.
Acc.	*ce* Palais.	*cet* Oiseau.
Voc.	. . . . . .	. . . . . .
Abl.	*de ce* Palais.	*de cet* Oiseau.

PLURIEL.

Nom.	*ces* Palais.	*ces* Oiseaux.
Gén.	*de ces* Palais.	*de ces* Oiseaux.
Dat.	*à ces* Palais.	*à ces* Oiseaux.
Acc.	*ces* Palais.	*ces* Oiseaux.
Voc.	. . . . . .	. . . . . .
Abl.	*de ces* Palais.	*de ces* Oiseaux.

SINGULIER.		PLURIEL.	
Nom.	*cette* Femme.	Nom.	*ces* Femmes.
Gén.	*de cette* Femme.	Gén.	*de ces* Femmes.
Dat.	*à cette* Femme.	Dat.	*à ces* Femmes.
Acc.	*cette* Femme.	Acc.	*ces* Femmes.
Voc.	. . . . . .	Voc.	. . . . . .
Abl.	*de cette* Femme.	Abl.	*de ces* Femmes.

SINGULIER.			PLURIEL.		
Nom.	Celui.	Celle.	Nom.	Ceux.	Celles.
Gén.	*de* Celui.	*de* Celle.	Gén.	*de* Ceux.	*de* Celles.
Dat.	*à* Celui.	*à* Celle.	Dat.	*à* Ceux.	*à* Celles.
Acc.	Celui.	Celle.	Acc.	Ceux.	Celles.
Voc.	. . . .	. . . .	Voc.	. . . .	. . . .
Abl.	*de* Celui.	*de* Celle.	Abl.	*de* Ceux.	*de* Celles.

SINGULIER.

Nom.	Celui-ci.	Celle-ci.
Gén.	*de* Celui-ci.	*de* Celle-ci.
Dat.	*à* Celui-ci.	*à* Celle-ci.
Voc.	Celui-ci.	Celle-ci.
Acc.	. . . .	. . . .
Abl.	*de* Celui-ci.	*de* Celle-ci.

PLURIEL.

Nom.	Ceux-ci.	Celles-ci.
Gén.	*de* Ceux-ci.	*de* Celles-ci.
Dat.	*à* Ceux-ci.	*à* Celles-ci.
Acc.	Ceux-ci.	Celles-ci.
Voc.	. . . .	. . . .
Abl.	*de* Ceux-ci.	*de* Celles-ci.

SINGULIER.

Nom.	Celui-là.	Celle-là.
Gén.	*de* Celui-là.	*de* Celle-là.
Dat.	*à* Celui-là.	*à* Celle-là.
Acc.	Celui-là.	Celle-là.
Voc.	. . . .	. . . .
Abl.	*de* Celui-là.	*de* Celle-là.

PLURIEL.

Nom.	Ceux-là.	Celles-là.
Gén.	*de* Ceux-là.	*de* Celles-la.
Dat.	*à* Ceux-là.	*à* Celles-là.
Acc.	Ceux-là.	Celles-là.
Voc.	. . . .	. . . .
Abl.	*de* Ceux-là.	*de* Celles-là.

SINGULIER.

Nom.	Ceci.	Cela.
Gén.	*de* Ceci.	*de* Cela.
Dat.	*à* Ceci.	*à* Cela.
Acc.	Ceci.	Cela.
Voc.	. . .	. . .
Abl.	*de* Ceci.	*de* Cela.

Ces deux pronoms n'ont point de pluriel.

ARTICLE V.

Des Pronoms relatifs.

D. Q*u'EST-CE que les pronoms relatifs ?*

R. Ce sont des pronoms qui ont toujours rapport à un nom ou à un pronom qui les précède.

D. *Quels sont ces pronoms ?*

R. Ce sont :

Qui, *que*, *quoi*, *dont*, des deux genres.

Lequel, masculin.

Laquelle, féminin.

D. *Comment appelle-t-on le nom ou pronom auquel se rapporte le pronom relatif ?*

R. On l'appelle l'*antécédent* du pronom relatif.

D. *Faites-moi connoître, par quelques exemples, le rapport du pronom relatif avec son antécédent ?*

R. Quand je dis : *Dieu* QUI *aime les hommes*, *l'argent* QUE *j'ai dépensé* ; *qui* se rapporte à *Dieu*, *que* se rapporte à *l'argent* ; et c'est comme si je disois : *Dieu* LEQUEL DIEU *aime les hommes* ; *l'argent* LEQUEL ARGENT *j'ai dépensé*. Par conséquent *qui* et *que* sont des pronoms relatifs, dont *Dieu* et *l'argent* sont des antécédents.

D. *Quel article prennent les pronoms relatifs ?*

R. Ils

R. Ils prennent l'article indéfini, excepté *lequel* et *laquelle*, qui ne font qu'un même mot avec l'article défini.

D. *Déclinez-les?*

R. SINGULIER.

Nom.	Qui.	*Acc.*	Qui, *ou* Que.
Gén.	*de* Qui, *ou* Dont.	*Voc.*	. . . .
Dat.	*à* Qui.	*Abl.*	*de* Qui, *ou* Dont.

Le pluriel est comme le singulier.

SINGULIER.

Nom.	. . . .	*Acc.*	Quoi, *ou* Que.
Gén.	*de* Quoi, *ou* Dont.	*Voc.*	. . . .
Dat.	*à* Quoi.	*Abl.*	*de* Quoi, *ou* Dont.

Le pluriel est comme le singulier.

SINGULIER.		PLURIEL.	
Nom.	Lequel, Laquelle.	*Nom.*	Lesquels, Lesquelles.
Gén.	Duquel, *de* Laquelle, *ou* Dont.	*Gén.*	Desquels, Desquelles, *ou* Dont.
Dat.	Auquel, *à* Laquelle.	*Dat.*	Auxquels, Auxquelles.
Acc.	Lequel, Laquelle, *ou* Que.	*Acc.*	Lesquels, Lesquelles, *ou* Que.
Voc.	. . . .	*Voc.*	. . . .
Abl.	Duquel, *de* Laquelle, *ou* Dont.	*Abl.*	Desquels, Desquelles, *ou* Dont.

D. *Dans quelle occasion* que *est-il pronom relatif?*

R. Quand on peut le tourner par *lequel* ou *laquelle*, *lesquels* ou *lesquelles*.

D. *En quel cas sont* que *et* dont?

Que ne s'emploie ordinairement qu'à l'accusatif du singulier ou du pluriel.

Dont exprime toujours un génitif ou un ablatif singulier ou pluriel.

D

ARTICLE VI.

Des Pronoms absolus.

D. *QUELS sont les pronoms absolus?*

R. Ce sont :
Qui, des deux genres ;
Que et *quoi*, du masculin ;
Quel, masculin,
Quelle, féminin ;
Lequel, masculin,
Laquelle, féminin.

D. *Pourquoi ces pronoms sont-ils appellés absolus?*

R. Parce qu'ils n'ont pas d'antécédent, comme les pronoms relatifs.

D. *Comment s'emploient-ils dans le discours?*

R. Ils s'emploient avec interrogation ou sans interrogation.

D. *Donnez-moi des exemples où ils s'emploient avec interrogation?*

R. QUI *vous a accusé?* QUE *vous donnerai-je?* A QUOI *pensez-vous?* QUEL *livre lisez-vous?* QUELLE *réponse vous a-t-on faite?* LEQUEL *choisirons-nous?* LAQUELLE *avez-vous vue?*

D. *Donnez-moi des exemples où ces pronoms s'emploient sans interrogation?*

R. *Je sais* QUI *vous a accusé. Je ne sais*

QUE *vous donner. Dites-moi* A QUOI *vous pensez. On demande* QUEL *livre vous lisez. Je devine* QUELLE *réponse on vous a faite. Conseillez-nous* LEQUEL *nous choisirons. J'ignore* LAQUELLE *vous avez vue.*

D. *Comment se déclinent les pronoms absolus?*

R. Ils se déclinent de la même manière que les pronoms relatifs; et *quel* se décline avec l'article indéfini.

R. SINGULIER.			PLURIEL.		
Nom.	Quel.	Quelle.	*Nom.*	Quels.	Quelles.
Gén.	*de* Quel.	*de* Quelle.	*Gén.*	*de* Quels.	*de* Quelles.
Dat.	*à* Quel.	*à* Quelle.	*Dat.*	*à* Quels.	*à* Quelles.
Acc.	Quel.	Quelle.	*Acc.*	Quels.	Quelles.
Voc.	. . . .	. . . .	*Voc.*	. . . .	. . . .
Abl.	*de* Quel.	*de* Quelle.	*Abl.*	*de* Quels.	*de* Quelles.

D. *Quand le pronom* qui *est-il relatif ou absolu?*

R. *Qui* est pronom relatif, quand on peut le tourner par *lequel* ou *laquelle*, au singulier ou au pluriel; comme quand on dit : *l'ennemi* QUI *vous a accusé; la fleur* QUI *plaît; les hommes de* QUI *vous dépendez : les personnes à* QUI *j'ai parlé* : c'est-à-dire *; l'ennemi* LEQUEL *vous a accusé; la fleur* LAQUELLE *plaît; les hommes* DESQUELS *vous dépendez; les personnes* AUXQUELLES *j'ai parlé.*

Qui est pronom absolu, quand on peut le tourner par *quelle personne;* comme quand on dit : QUI *vous a accusé?* ou *je sais* QUI *vous a accusé* : c'est-à-dire ; QUELLE PERSONNE *vous a accusé?* ou *je sais* QUELLE PERSONNE *vous a accusé.*

D. *Quand les pronoms* que *et* quoi *sont-ils relatifs ou absolus ?*

R. *Que* et *quoi* sont pronoms relatifs, quand on peut les tourner par *lequel* ou *laquelle*, au singulier ou au pluriel : comme quand on dit : *le père* QUE *j'aime* ; *la langue* QUE *j'étudie* ; *les livres* QUE *je lis* ; *les sciences* QUE *j'aime* ; *les dangers à* QUOI *on s'expose* : c'est-à-dire ; *le père* LEQUEL *j'aime* ; *la langue* LAQUELLE *j'étudie* ; *les livres* LESQUELS *je lis* ; *les sciences* LESQUELLES *j'aime* ; *les dangers* AUXQUELS *on s'expose.*

Que et *quoi* sont pronoms absolus, quand on peut les tourner par *quelle chose*, comme quand on dit : QUE *vous donnerai-je ? dites-moi à* QUOI *vous pensez* : c'est-à-dire ; QUELLE CHOSE *vous donnerai-je ? dites-moi* à QUELLE CHOSE *vous pensez.*

D. *Quand les pronoms* lequel *et* laquelle *sont-ils relatifs ou absolus ?*

R. *Lequel* et *laquelle* sont pronoms relatifs, quand on y peut joindre leurs antécédents, comme quand on dit : *le livre dans* LEQUEL *j'étudie* ; *les sciences* AUXQUELLES *je m'applique* : c'est-à-dire ; *le livre dans* LEQUEL LIVRE *j'étudie* ; *les sciences* AUXQUELLES SCIENCES *je m'applique.*

Lequel et *laquelle* sont pronoms absolus, quand on peut les tourner par *quel* ou *quelle*, en y joignant le nom auquel ils se rapportent ; comme quand on dit, en parlant de maisons, LAQUELLE, *avez-vous achetée?* et en parlant de livres, *je vois* AUQUEL *vous donnez la préférence* : c'est-à-dire ; QUELLE MAISON *avez-vous achetée? je vois* A QUEL LIVRE *vous donnez la préférence.*

ARTICLE VII.

Des Pronoms indéfinis ou *indéterminés.*

D. *QU'EST-CE que les pronoms indéfinis ?*

R. Ce sont des mots qui ont ordinairement une signification générale et indéterminée.

D. *Comment les appelle-t-on encore ?*

R. On les appelle encore *pronoms impropres*, parce que la plupart peuvent être aussi bien regardés comme adjectifs, que comme pronoms.

D. *Combien y a-t-il de sortes de pronoms indéfinis ?*

R. Il y en a de quatre sortes.

1. Ceux qui ne sont jamais joints à aucun substantif.

Ce sont, *quiconque* : *quelqu'un*, *quelqu'une* : *chacun*, *chacune* : *autrui* : *personne* dans le sens d'*aucun* : *rien* : *l'un l'autre.*

2. Ceux qui sont toujours joints à un substantif.

Ce sont, *quelque* : *chaque* : *certain*, *certaine* dans le sens de *quelque* : *quelconque*.

3. Ceux qui quelquefois sont joints à un nom substantif et quelquefois n'y sont pas joints.

Ce sont, *nul*, *nulle* : *aucun*, *aucune* : *pas un*, *pas une* : *autre* : *l'un et l'autre* : *même* : *tel*, *telle* : *plusieurs* : *tout*, *toute* : pluriel, *tous*, *toutes*.

4. Ceux qui sont suivis de *que*, et qui avec ce mot ont une signification particulière.

Ce sont, *qui que ce soit*, ou *qui que ce fût*.

Quoi que ce soit, ou *quoi que ce fût*.

Quel que ou *quelle que*. QUEL QUE *soit votre bonheur*. QUELLE QUE *soit mon amitié pour vous*.

Quoi que. QUOI QUE *vous fassiez*. QUOI QU'*il arrive*.

Quelque..... que. QUELQUE *mérite* QUE *vous ayez*.

Tout.... que. *Toute.... que*. TOUT *habile homme* QUE *vous êtes*. TOUTE *belle* QU'*est la campagne*.

D. *Avec quels articles se déclinent les pronoms indéfinis ?*

R. Ils se déclinent avec l'article indéfini : excepté, *l'un l'autre*, *autre*, *l'un et l'autre*, *même*, qui se déclinent avec l'article défini.

CHAPITRE VI.

Du Verbe.

D. QU'EST-CE *que le Verbe ?*

R. Le verbe est un mot dont le principal usage est de signifier l'affirmation ou le jugement que nous faisons des choses.

D. *Donnez-moi des exemples de cette signification du verbe ?*

R. Quand je dis, *la vertu est aimable*, *Dieu aime les hommes*, j'affirme ou je juge de *la vertu*, qu'elle *est aimable*; et de *Dieu*, qu'il *aime les hommes* : par conséquent les mots *est* et *aime*, sont des verbes.

D. *De quoi un verbe est-il toujours accompagné ?*

R. Il est toujours accompagné d'un sujet et d'un attribut.

D. *Qu'est-ce que le sujet d'un verbe ?*

R. Le sujet qu'on appelle encore le nominatif du verbe est un nom substantif ou un pronom qui exprime la personne ou la chose dont on affirme, comme *la vertu* dans cette phrase, *la vertu est aimable*, ou *elle* dans celle-ci, *elle est aimable.*

D. *Qu'est-ce que l'attribut ?*

R. C'est un nom adjectif qui exprime ce qu'on affirme de la personne ou de la chose. Ainsi *aimable* est un attribut qui exprime ce que j'affirme de *la vertu.*

D. *Comment divise-t-on les verbes?*

R. Il y en a de deux espèces générales : le *verbe substantif*, et les *verbes adjectifs.*

D. *Qu'est-ce que le verbe substantif?*

R. C'est celui qui n'exprime que l'affirmation, et qui est séparé de l'attribut. Ainsi *est*, dans *la vertu est aimable*, est un verbe substantif séparé de l'attribut *aimable.*

D. *Qu'est-ce que les verbes adjectifs?*

R. Ce sont ceux qui expriment en un seul mot l'affirmation avec l'attribut : comme *aime*, *règne*, *étudie*, dans *Dieu aime*, *la justice règne*, *Pierre étudie*; car c'est comme si l'on disoit, *Dieu est aimant*, *la justice est régnante*, *Pierre est étudiant*, où l'on voit que l'affirmation est marquée par *est*, et les attributs par *aimant*, *régnant* et *étudiant.*

D. *Comment appelle-t-on une suite de mots qui contient un sujet et un attribut liés par un verbe?*

R. On l'appelle une *proposition* ou une *phrase.*

D. *N'y a-t-il pas un moyen facile de s'assurer si un mot est un verbe?*

R. Oui : quand on peut mettre les pronoms personnels *je*, *tu*, *il*, avant un mot, ce mot est un verbe. Ainsi dans ces phrases, *l'histoire nous instruit*; *les premiers Romains méprisoient les richesses*; *instruit* et *méprisoient* sont des verbes, parce qu'on peut dire, *j'instruis*, *tu instruis*, *il il instruit; je méprisois, tu méprisois, il méprisoit.*

ARTICLE I.

Conjugaisons des Verbes.

D. QU'EST-CE *que conjuguer un verbe ?*

R. C'est le réciter avec toutes ses différences.

D. *Quels verbes faut-il d'abord conjuguer ?*

R. Les verbes *avoir* et *être*, qu'on appelle *verbes auxiliaires*, parce qu'ils servent à conjuguer les autres.

D. *Conjuguez-les en y ajoutant, ainsi qu'aux autres, les mots qui pourront en faire mieux connoître l'emploi et la signification ?*

R. Conjugaison du verbe auxiliaire

AVOIR.

INDICATIF.

PRÉSENT.	IMPARFAIT.
J'ai.	J'av*ois*.
Tu as.	Tu av*ois*.
Il *ou* elle a.	Il av*oit*.
Nous av*ons*.	Nous av*ions*.
Vous av*ez*.	Vous av*iez*.
Ils *ou* elles ont.	Ils av*oient*.

PRÉTÉRIT.

J'eus.
Tu eus.
Il eut.
Nous eû*mes*.
Vous eû*tes*.
Ils eu*rent*.

PRÉTÉRIT INDÉFINI.

J'ai eu.
Tu as eu.
Il a eu.
Nous avons eu.
Vous avez eu.
Ils ont eu.

PRÉTÉRIT ANTÉRIEUR.

Quand J'eus eu.
Tu eus eu.
Il eut eu.
Nous eûmes eu.
Vous eûtes eu.
Ils eurent eu.

PLUSQUE-PARFAIT.

J'avois eu.
Tu avois eu.
Il avoit eu.
Nous avions eu.
Vous aviez eu.
Ils avoient eu.

FUTUR.

J'au*rai*.
Tu au*ras*.
Il au*ra*.
Nous au*rons*.
Vous au*rez*.
Ils au*ront*.

FUTUR PASSÉ.

Quand J'aurai eu.
Tu auras eu.
Il aura eu.
Nous aurons eu.
Vous aurez eu.
Ils auront eu.

CONDITIONNEL PRÉSENT.

J'au*rois*.
Tu au*rois*.
Il au*roit*.
Nous au*rions*.
Vous au*riez*.
Ils au*roient*.

CONDITIONNEL PASSÉ.

J'aurois *ou* j'eusse eu.
Tu aurois *ou* tu eusses eu.
Il auroit *ou* il eût eu.
Nous aurions *ou* nous eussions eu.
Vous auriez *ou* vous eussiez eu.
Ils auroient *ou* ils eussent eu.

IMPÉRATIF.

PRÉSENT *ou* FUTUR.

Aie.
Qu'il ait.
A*yons*.
A*yez*.
Qu'ils ai*ent*.

SUBJONCTIF *ou* CONJONCTIF.

PRÉSENT *ou* FUTUR.

Il faut Que j'aie.
Que tu ai*es*.
Qu'il ait.
Que nous ay*ons*.
Que vous ay*ez*.
Qu'ils ai*ent*.

IMPARFAIT.

Il falloit Que j'eu*sse*.
Que tu eu*sses*.
Qu'il eût.
Que nous eu*ssions*.
Que vous eu*ssiez*.
Qu'ils eu*ssent*.

PRÉTÉRIT.

Il a fallu Que j'aie eu.
Que tu aies eu.
Qu'il ait eu.
Que nous ayons eu.
Que vous ayez eu.
Qu'ils aient eu.

PLUSQUE-PARFAIT.

Il auroit fallu Que j'eusse eu.
Que tu eusses eu.
Qu'il eût eu.
Que nous eussions eu.
Que vous eussiez eu.
Qu'ils eussent eu.

INFINITIF.

PRÉSENT.

Avoir.

PRÉTÉRIT.

Avoir eu.

PARTICIPE ACTIF.

PRÉSENT.

Ay*ant*.

PRÉTÉRIT.

Ayant eu.

PARTICIPE PASSIF.

PRÉSENT.

Eu, eue.

GÉRONDIF.

Ay*ant*.

Conjugaison du Verbe auxiliaire

ÊTRE.

INDICATIF.

PRÉSENT.

Je suis.
Tu es.
Il *ou* elle est.
Nous sommes.
Vous êtes.
Ils *ou* elles sont.

IMPARFAIT.

J'ét*ois*.
Tu ét*ois*.
Il ét*oit*.
Nous ét*ions*.
Vous ét*iez*.
Ils ét*oient*.

PRÉTÉRIT.

Je fus.
Tu fus.
Il fut.
Nous fû*mes*.
Vous fû*tes*.
Ils fu*rent*.

PRÉTÉRIT INDÉFINI.

J'ai été.
Tu as été.
Il a été.
Nous avons été.
Vous avez été.
Ils ont été.

PRÉTÉRIT ANTÉRIEUR.

Quand J'eus été.
Tu eus été.
Il eut été.
Nous eûmes été.
Vous eûtes été.
Ils eurent été.

PLUSQUE-PARFAIT.

J'avois été.
Tu avois été.
Il avoit été.
Nous avions été.
Vous aviez été.
Ils avoient été.

FUTUR.

Je ser*ai*.
Tu ser*as*.
Il ser*a*.
Nous ser*ons*.
Vous ser*ez*.
Ils ser*ont*.

FUTUR PASSÉ.

Quand J'aurai été.
Tu auras été.
Il aura été.
Nous aurons été.
Vous aurez été.
Ils auront été.

CONDITIONNEL PRÉSENT.

Je ser*ois*.
Tu ser*ois*.
Il ser*oit*.
Nous ser*ions*.
Vous ser*iez*.
Ils ser*oient*.

CONDITIONNEL PASSÉ.

J'aurois *ou* j'eusse été.
Tu aurois *ou* tu eusses été.
Il auroit *ou* il eût éte.
Nous aurions *ou* nous eussions été.
Vous auriez *ou* vous eussiez été.
Ils auroient *ou* ils eussent été.

IMPÉRATIF.

PRÉSENT *ou* FUTUR.

Sois.
Qu'il soit.
Soy*ons*.
Soy*ez*.
Qu'ils soi*ent*.

SUBJONCTIF

ou

CONJONCTIF.

PRÉSENT *ou* FUTUR.

Il faut Que je sois.
Que tu sois.
Qu'il soit.
Que nous soy*ons*.
Que vous soy*ez*.
Qu'ils soi*ent*.

IMPARFAIT.

Il falloit Que je fu*sse*.
Que tu fu*sses*.
Qu'il fû*t*.
Que nous fu*ssions*.
Que vous fu*ssiez*.
Qu'ils fu*ssent*.

PRÉTÉRIT.

Il a fallu Que j'aie été.
Que tu aies été.
Qu'il ait été.
Que nous ayons été.
Que vous ayez été.
Qu'ils aient été.

PLUSQUE-PARFAIT.

Il auroit fallu Que j'eusse été.

Que tu eusses été.
Qu'il eût été.
Que nous eussions été.
Que vous eussiez été.
Qu'ils eussent été.

INFINITIF.

PRÉSENT.

Être.

PRÉTÉRIT.

Avoir été.

PARTICIPE ACTIF.

PRÉSENT.

Ét*ant*.

PRÉTÉRIT.

Ayant été.

PARTICIPE PASSIF.

PRÉSENT.

Été.

GÉRONDIF.

Ét*ant*.

D. *Combien y a-t-il de conjugaisons?*

R. Il y en a quatre :

La première comprend les verbes dont l'infinitif est terminé en *er*, comme *aimer*.

La seconde comprend les verbes dont l'infinitif est terminé en *ir*, comme *finir*.

La troisième comprend les verbes dont l'infinitif est terminé en *oir*, comme *recevoir*.

La quatrième comprend les verbes dont l'infinitif est terminé en *re*, comme *rendre*.

D. *Conjuguez les verbes des quatre conjugaisons?*

R. (*) *PREMIÈRE CONJUGAISON.*

INDICATIF.

PRÉSENT.

J'aime.
Tu aimes.
Il aime.
Nous aim*ons*.
Vous aim*ez*.
Ils aim*ent*.

IMPARFAIT.

J'aim*ois*.
Tu aim*ois*.
Il aim*oit*.
Nous aim*ions*.
Vous aim*iez*.
Ils aim*oient*.

(*) On a imprimé en caractère *italique* les terminaisons communes aux verbes des quatre conjugaisons.

PRÉTÉRIT.

J'aimai.
Tu aimas.
Il aima.
Nous aim*âmes*.
Vous aim*âtes*.
Ils aim*èrent*.

PRÉTÉRIT INDÉFINI.

J'ai aimé.
Tu as aimé.
Il a aimé.
Nous avons aimé.
Vous avez aimé.
Ils ont aimé.

PRÉTÉRIT ANTÉRIEUR.

Quand J'eus aimé.
Tu eus aimé.
Il eut aimé.
Nous eûmes aimé.
Vous eûtes aimé.
Ils eurent aimé.

PRÉTÉRIT ANTÉRIEUR INDÉFINI.

Quand J'ai eu aimé.
Tu as eu aimé.
Il a eu aimé.
Nous avons eu aimé.
Vous avez eu aimé.
Ils ont eu aimé.

PLUSQUE-PARFAIT.

J'avois aimé.
Tu avois aimé.
Il avoit aimé.
Nous avions aimé.
Vous aviez aimé.
Ils avoient aimé.

FUTUR.

J'aimer*ai*.
Tu aimer*as*.
Il aimer*a*.
Nous aimer*ons*.
Vous aimer*ez*.
Ils aimer*ont*.

FUTUR.

Quand J'aurai aimé.
Tu auras aimé.
Il aura aimé.
Nous aurons aimé.
Vous aurez aimé.
Ils auront aimé.

CONDITIONNEL PRÉSENT.

J'aimer*ois*.
Tu aimer*ois*.
Il aimer*oit*.
Nous aimer*ions*.
Vous aimer*iez*.
Ils aimer*oient*.

CONDITIONNEL PASSÉ.

J'aurois *ou* j'eusse aimé.
Tu aurois *ou* tu eusses aimé.
Il auroit *ou* il eût aimé.
Nous aurions *ou* nous eussions aimé.
Vous auriez *ou* vous eussiez aimé.
Ils auroient *ou* ils eussent aimé.

IMPÉRATIF.

PRÉSENT *ou* FUTUR.

Aime.
Qu'il aime.
Aim*ons*.
Aim*ez*.
Qu'ils aim*ent*.

SUBJONCTIF
ou
CONJONCTIF.

PRÉSENT *ou* FUTUR.

Il faut Que j'aim*e*.
Que tu aim*es*.
Qu'il aim*e*.
Que nous aim*ions*.
Que vous aim*iez*.
Qu'ils aim*ent*.

IMPARFAIT.

Il falloit Que j'aima*sse*.
Que tu aima*sses*.
Qu'il aimâ*t*.
Que nous aima*ssions*.
Que vous aima*ssiez*.
Qu'ils aima*ssent*.

PRÉTÉRIT.

Il a fallu Que j'aie aimé.
Que tu aies aimé.
Qu'il ait aimé.
Que nous ayons aimé.
Que vous ayez aimé.
Qu'ils aient aimé.

PLUSQUE-PARFAIT.

Il auroit fallu Que j'eusse aimé.
Que tu eusses aimé.
Qu'il eût aimé.
Que nous eussions aimé.
Que vous eussiez aimé.
Qu'ils eussent aimé.

INFINITIF.

PRÉSENT.

Aimer.

PRÉTÉRIT.

Avoir aimé.

PARTICIPE ACTIF.

PRÉSENT.

Aim*ant*.

PRÉTÉRIT.

Ayant aimé.

PARTICIPE PASSIF.

PRÉSENT.

Aimé, aimée, *ou* étant aimé, aimée.

PRÉTÉRIT.

Ayant été aimé *ou* aimée.

GÉRONDIF.

En aim*ant ou* aim*ant*.

SECONDE CONJUGAISON.

INDICATIF.

PRÉSENT.

Je finis.
Tu finis.
Il finit.
Nous finiss*ons*.
Vous finiss*ez*.
Ils finiss*ent*.

IMPARFAIT.

Je finiss*ois*.
Tu finiss*ois*.
Il finiss*oit*.
Nous finiss*ions*.
Vous finiss*iez*.
Ils finiss*oient*.

PRÉTÉRIT.

Je finis.
Tu finis.
Il finit.
Nous finî*mes*.

Vous finîtes.
Ils finirent.

PRÉTÉRIT INDÉFINI.

J'ai fini.
Tu as fini.
Il a fini.
Nous avons fini.
Vous avez fini.
Ils ont fini.

PRÉTÉRIT ANTÉRIEUR.

Quand J'eus fini.
Tu eus fini.
Il eut fini.
Nous eûmes fini.
Vous eûtes fini.
Ils eurent fini.

PRÉTÉRIT ANTÉRIEUR INDÉFINI.

Quand J'ai eu fini.
Tu as eu fini.
Il a eu fini.
Nous avons eu fini.
Vous avez eu fini.
Ils ont eu fini.

PLUSQUE-PARFAIT.

J'avois fini.
Tu avois fini.
Il avoit fini.
Nous avions fini.
Vous aviez fini.
Ils avoient fini.

FUTUR.

Je fin*irai*.
Tu fin*iras*.
Il fin*ira*.
Nous fin*irons*.
Vous fin*irez*.
Ils fin*iront*.

FUTUR PASSÉ.

Quand J'aurai fini.
Tu auras fini.
Il aura fini.
Nous aurons fini.
Vous aurez fini.
Ils auront fini.

CONDITIONNEL PRÉSENT.

Je fin*irois*.
Tu fin*irois*.
Il fin*iroit*.
Nous fin*irions*.
Vous fin*iriez*.
Ils fin*iroient*.

CONDITIONNEL PASSÉ.

J'aurois *ou* j'eusse fini.
Tu aurois *ou* tu eusses fini.
Il auroit *ou* il eût fini.
Nous aurions *ou* nous eussions fini.
Vous auriez *ou* vous eussiez fini.
Ils auroient *ou* ils eussent fini.

IMPÉRATIF.

PRÉSENT *ou* FUTUR.

Finis.
Qu'il finiss*e*.
Finiss*ons*.
Finiss*ez*.
Qu'ils finiss*ent*.

SUBJONCTIF *ou* CONJONCTIF.

PRÉSENT *ou* FUTUR.

Il faut Que je finiss*e*.
Que tu finiss*es*.
Qu'il finiss*e*.

Que nous finiss*ions*.
Que vous finiss*iez*.
Qu'ils finiss*ent*.

IMPARFAIT.

Il falloit Que je fini*sse*.
Que tu fini*sses*.
Qu'il finî*t*.
Que nous fini*ssions*.
Que vous fini*ssiez*.
Qu'ils fini*ssent*.

PRÉTÉRIT.

Il a fallu Que j'aie fini.
Que tu aies fini.
Qu'il ait fini.
Que nous ayons fini.
Que vous ayez fini.
Qu'ils aient fini.

PLUSQUE-PARFAIT.

Il auroit fallu Que j'eusse fini.
Que tu eusses fini.
Qu'il eût fini.
Que nous eussions fini.
Que vous eussiez fini.
Qu'ils eussent fini.

INFINITIF.

PRÉSENT.

Finir.

PRÉTÉRIT.

Avoir fini.

PARTICIPE ACTIF.

PRÉSENT.

Finiss*ant*.

PRÉTÉRIT.

Ayant fini.

PARTICIPE PASSIF.

PRÉSENT.

Fini, finie, *ou* étant fini, finie.

PRÉTÉRIT.

Ayant été fini *ou* finie.

GÉRONDIF.

En finiss*ant ou* finiss*ant*.

TROISIÈME CONJUGAISON.

INDICATIF.

PRÉSENT.

Je reçois.
Tu reçois.
Il reçoit.
Nous recev*ons*.
Vous recev*ez*.
Ils reçoiv*ent*.

IMPARFAIT.

Je recev*ois*.
Tu recev*ois*.
Il recev*oit*.
Nous recev*ions*.
Vous recev*iez*.
Ils recev*oient*.

PRÉTÉRIT.

Je reçus.
Tu reçus.
Il reçut.
Nous reçû*mes*.
Vous reçû*tes*.
Ils reçu*rent*.

PRÉTÉRIT INDÉFINI.

J'ai reçu.
Tu as reçu.
Il a reçu.

Nous avons reçu.
Vous avez reçu.
Ils ont reçu.

PRÉTÉRIT ANTÉRIEUR.

Quand J'eus reçu.
Tu eus reçu.
Il eut reçu.
Nous eûmes reçu.
Vous eûtes reçu.
Ils eurent reçu.

PRÉTÉRIT ANTÉRIEUR INDÉFINI.

Quand J'ai eu reçu.
Tu as eu reçu.
Il a eu reçu.
Nous avons eu reçu.
Vous avez eu reçu.
Ils ont eu reçu.

PLUSQUE-PARFAIT.

J'avois reçu.
Tu avois reçu.
Il avoit reçu.
Nous avions reçu.
Vous aviez reçu.
Ils avoient reçu.

FUTUR.

Je recev*rai*.
Tu recev*ras*.
Il recev*ra*.
Nous recev*rons*.
Vous recev*rez*.
Ils recev*ront*.

FUTUR PASSÉ.

Quand J'aurai reçu.
Tu auras reçu.
Il aura reçu.
Nous aurons reçu.
Vous aurez reçu.
Ils auront reçu.

CONDITIONNEL PRÉSENT.

Je recev*rois*.
Tu recev*rois*.
Il recev*roit*.
Nous recev*rions*.
Vous recev*riez*.
Ils recev*roient*.

CONDITIONNEL PASSÉ.

J'aurois *ou* j'eusse reçu.
Tu aurois *ou* tu eusses reçu.
Il auroit *ou* il eût reçu.
Nous aurions *ou* nous eussions reçu.
Vous auriez *ou* vous eussiez reçu.
Ils auroient *ou* ils eussent reçu.

IMPÉRATIF.

PRÉSENT *ou* FUTUR.

Reçois.
Qu'il reçoiv*e*.
Recev*ons*.
Recev*ez*.
Qu'ils reçoiv*ent*.

SUBJONCTIF *ou* CONJONCTIF.

PRÉSENT *ou* FUTUR.

Il faut Que je reçoiv*e*.
Que tu reçoiv*es*.
Qu'il reçoiv*e*.
Que nous recev*ions*.
Que vous recev*iez*.
Qu'ils reçoiv*ent*.

IMPARFAIT.

Il falloit Que je reç*usse*.
Que tu reç*usses*.
Qu'il reç*ût*.
Que nous reç*ussions*.

Que vous reçu*ssiez*.
Qu'ils reçu*ssent*.

PRÉTÉRIT.

Il a fallu Que j'aie reçu.
Que tu aies reçu.
Qu'il ait reçu.
Que nous ayons reçu.
Que vous ayez reçu.
Qu'ils aient reçu.

PLUSQUE-PARFAIT.

Il auroit fallu Que j'eusse reçu.
Que tu eusses reçu.
Qu'il eût reçu.
Que nous eussions reçu.
Que vous eussiez reçu.
Qu'ils eussent reçu.

INFINITIF.

PRÉSENT.

Recevoir.

PRÉTÉRIT.

Avoir reçu.

PARTICIPE ACTIF.

PRÉSENT.

Recev*ant*.

PRÉTÉRIT.

Ayant reçu.

PARTICIPE PASSIF.

PRÉSENT.

Reçu, reçue, *ou* étant reçu, reçue.

PRÉTÉRIT.

Ayant été reçu *ou* reçue.

GÉRONDIF.

En recev*ant ou* recev*ant*.

QUATRIÈME CONJUGAISON.

INDICATIF.

PRÉSENT.

Je rends.
Tu rends.
Il rend.
Nous rend*ons*.
Vous rend*ez*.
Ils rend*ent*.

IMPARFAIT.

Je rend*ois*.
Tu rend*ois*.
Il rend*oit*.
Nous rend*ions*.
Vous rend*iez*.
Ils rend*oient*.

PRÉTÉRIT.

Je rendis.
Tu rendis.
Il rendit.
Nous rend*îmes*.
Vous rend*ites*.
Ils rend*irent*.

PRÉTÉRIT INDÉFINI.

J'ai rendu.
Tu as rendu.
Il a rendu.
Nous avons rendu.
Vous avez rendu.
Ils ont rendu.

PRÉTÉRIT ANTÉRIEUR.

Quand J'eus rendu.
Tu eus rendu.
Il eut rendu.
Nous eûmes rendu.
Vous eûtes rendu.
Ils eurent rendu.

PRÉTÉRIT ANTÉRIEUR INDÉFINI.

Quand J'ai eu rendu.
Tu as eu rendu.
Il a eu rendu.
Nous avons eu rendu.
Vous avez eu rendu.
Ils ont eu rendu.

PLUSQUE-PARFAIT.

J'avois rendu.
Tu avois rendu.
Il avoit rendu.
Nous avions rendu.
Vous aviez rendu.
Ils avoient rendu.

FUTUR.

Je rend*rai*.
Tu rend*ras*.
Il rend*ra*.
Nous rend*rons*.
Vous rend*rez*.
Ils rend*ront*.

FUTUR PASSÉ.

Quand J'aurai rendu.
Tu auras rendu.
Il aura rendu.
Nous aurons rendu.
Vous aurez rendu.
Ils auront rendu.

CONDITIONNEL PRÉSENT.

Je rend*rois*.
Tu rend*rois*.
Il rend*roit*.
Nous rend*rions*.
Vous rend*riez*.
Ils rend*roient*.

CONDITIONNEL PASSÉ.

J'aurois *ou* j'eusse rendu.
Tu aurois *ou* tu eusses rendu.
Il auroit *ou* il eût rendu.
Nous aurions *ou* nous eussions rendu.
Vous auriez *ou* vous eussiez rendu.
Ils auroient *ou* ils eussent rendu.

IMPÉRATIF.

PRÉSENT *ou* FUTUR.

Rends.
Qu'il rend*e*.
Rend*ons*.
Rend*ez*.
Qu'ils rend*ent*.

SUBJONCTIF *ou* CONJONCTIF.

PRÉSENT *ou* FUTUR.

Il faut Que je rend*e*.
Que tu rend*es*.
Qu'il rend*e*.
Que nous rend*ions*.
Que vous rend*iez*.
Qu'ils rend*ent*.

IMPARFAIT.

Il falloit Que je rend*isse*.
Que tu rend*isses*.
Qu'il rend*ît*.
Que nous rend*issions*.
Que vous rend*issiez*.
Qu'ils rend*issent*.

PRÉTÉRIT.

Il a fallu Que j'aie rendu.
Que tu aies rendu.
Qu'il ait rendu.
Que nous ayons rendu.

Que vous ayez rendu.
Qu'ils aient rendu.

PLUSQUE-PARFAIT.

Il auroit fallu Que j'eusse rendu.
Que tu eusses rendu.
Qu'il eût rendu.
Que nous eussions rendu.
Que vous eussiez rendu.
Qu'ils eussent rendu.

INFINITIF.

PRÉSENT.

Rendre.

PRÉTÉRIT.

Avoir rendu.

PARTICIPE ACTIF.

PRÉSENT.

Rend*ant*.

PRÉTÉRIT.

Ayant rendu.

PARTICIPE PASSIF.

PRÉSENT.

Rendu, rendue, *ou* étant rendu, rendue.

PRÉTÉRIT.

Ayant été rendu *ou* rendue.

GÉRONDIF.

En rend*ant ou* rend*ant*.

ARTICLE II.

Des propriétés du Verbe.

D. *QUE remarque-t-on dans le Verbe ?*

R. On remarque quatre choses ; savoir : les nombres, les personnes, les temps et les modes.

Des Nombres.

D. *Qu'entendez-vous par les nombres dans les verbes ?*

R. J'entends, comme dans les noms, le singulier et le pluriel. Ainsi un verbe est au singulier, quand ce qu'on affirme se rapporte à une seule chose ; et il est au pluriel, quand ce qu'on affirme se rapporte à plusieurs choses.

Des Personnes.

D. *Qu'est-ce que les personnes dans les verbes?*

R. Ce sont, comme dans les pronoms personnels, la première, la seconde et la troisième.

D. *De quoi se sert-on pour distinguer les personnes des verbes?*

R. On se sert ordinairement des pronoms personnels du singulier, pour marquer les personnes du singulier; et des pronoms personnels du pluriel, pour marquer les personnes du pluriel.

D. *Quels sont ces pronoms et quel en est l'usage dans les verbes?*

R. *Je*, pour les deux genres, marque la première personne du singulier, *je reçois.*

Tu, pour les deux genres, marque la seconde personne du singulier, *tu reçois.*

Il, pour le masculin, ou *elle* pour le féminin, marque la troisième personne du singulier, *il reçoit*, ou *elle reçoit.*

Nous, pour les deux genres, marque la première personne du pluriel, *nous recevons.*

Vous, pour les deux genres, marque la seconde personne du pluriel, *vous recevez.*

Ils, pour le masculin, ou *elles* pour le féminin, marque la troisième personne du pluriel, *ils reçoivent* ou *elles reçoivent.*

D. *Ces pronoms personnels se mettent-ils*

toujours avant les personnes des verbes ?

R. *Je* et *nous*, *tu* et *vous*, se mettent toujours avant les premières et secondes personnes des verbes, excepté à l'impératif; mais, *il* et *ils*, *elle* et *elles*, ne se mettent avant les troisièmes personnes, que quand les noms dont ils tiennent la place, ne sont pas exprimés.

D. *Donnez-en des exemples ?*

R. Il faut toujours dire, *je lis*, *tu lis*, *nous lisons*, *vous lisez*; mais on dit à l'impératif, *lis*, *lisons*, *lisez*; et on ne doit dire, *il lit* ou *elle lit*, *ils lisent* ou *elles lisent*, que quand on ne nomme pas la personne ou les personnes qui lisent; car en les nommant il faudroit dire, sans pronoms personnels, *mon frère lit*, *ma sœur lit*, ou *mes frères lisent*, *mes sœurs lisent*

D. *Se sert-on toujours de* tu *pour marquer une seconde personne du singulier ?*

R. On ne s'en sert qu'en parlant à des personnes qu'on tutoie par mépris ou par familiarité; mais, à l'égard de toute autre personne, il faut se servir de *vous*. Ainsi *vous lisez*, sera une seconde personne du singulier, si on ne parle qu'à une seule personne; et ce sera une seconde personne du pluriel, si on parle à plusieurs personnes.

Des Temps.

D. *Qu'est-ce que les temps des verbes ?*

R. Ce sont les différentes terminaisons

qui font connoître à quel temps il faut rapporter ce qu'on affirme de quelque chose.

D. *Combien y a-t-il de temps ?*

R. Il n'y en a proprement que trois, qui sont *le présent*, *le passé et l'avenir*, qu'on appelle *les trois temps naturels*, et auxquels se rapportent tous les autres.

D. *Quels sont, dans les verbes, les temps qui représentent les trois temps naturels ?*

R. Ce sont ceux que nous avons nommés, dans la conjugaison, *présent*, *prétérit indéfini* et *futur*.

D. *Quels sont ceux qui se rapportent à chacun de ces trois temps ?*

R. 1. *Le conditionnel présent* se rapporte au *présent*.

2. *L'imparfait*, *le prétérit*, *le prétérit antérieur*, *le prétérit antérieur indéfini*, *le plusque-parfait* et *le conditionnel passé* se rapportent au *prétérit indéfini*.

3. *Le futur passé* se rapporte au *futur*.

D. *Qu'est-ce que marque le présent ?*

R. Le présent marque qu'une chose est ou se fait au temps où l'on parle : comme quand on dit, NOUS LISONS *l'Ecriture sainte*, c'est-à-dire, *nous lisons présentement l'Ecriture sainte*.

D. *Qu'est-ce que marque le conditionnel présent ?*

R. Le conditionnel présent marque qu'une chose

chose seroit présentement, moyennant certaines conditions : comme quand on dit : NOUS SERIONS *heureux, si Adam n'eût pas péché.*

D. *Qu'est-ce que marque le prétérit indéfini ?*

R. Le prétérit indéfini marque une chose passée dans un temps qui dure encore : comme quand on dit : J'AI EU *la fievre cette année, ce printemps, ce mois-ci, cette semaine, aujourd'hui.*

D. *Qu'est-ce que marque l'imparfait ?*

R. L'imparfait marque qu'une chose se faisoit en même-temps qu'une autre dans un temps passé : comme quand on dit : J'ÉTOIS *à table lorsque vous arrivâtes.*

D. *Qu'est-ce que marque le prétérit ?*

R. Le prétérit simple, qu'on appelle encore *prétérit défini*, marque une chose passée dans un temps dont il ne reste plus rien : comme quand on dit : JE FUS *malade l'année dernière.* Je RENDIS *mes comptes la semaine passée.* JE REÇUS *votre lettre hier.*

D. *Qu'est-ce que marque le prétérit antérieur ?*

R. Le prétérit antérieur simple marque une chose passée avant une autre, dans un temps dont il ne reste plus rien : comme dans cet exemple : *Quand* J'EUS REÇU *mon argent, je m'en allai* ; et le prétérit antérieur indéfini marque une chose passée avant une autre, dans un temps qui dure encore ; *Quand* J'AI EU REÇU *mon argent, je m'en suis allé.*

D. *Quand doit-on se servir du prétérit, et du prétérit antérieur simple ?*

R. On ne doit s'en servir que quand le temps, où la chose s'est passée, est éloigné de plus d'un jour de celui où l'on est, qu'il n'en reste plus rien et qu'on n'y est plus renfermé. Ainsi il seroit mal de dire : *Nous* VÎMES *de grands événements dans ce siècle, dans cette année, dans ce mois, dans cette semaine, aujourd'hui.* Il faudroit dire alors, *nous* AVONS VU *de grands événements, etc.*

D. *Qu'est-ce que marque le plusque-parfait ?*

R. Le plusque-parfait marque qu'une chose étoit passée à l'égard d'une autre chose qui est aussi passée : comme quand on dit, J'AVOIS ÉTÉ *malade lorsque vous m'écrivîtes.*

D. *Qu'est-ce que marque le conditionnel passé ?*

R. Le conditionnel passé marque qu'une chose seroit arrivée dans un temps passé moyennant certaines conditions : comme quand on dit : J'AUROIS APPRIS, ou J'EUSSE APPRIS *la géographie, si vous l'eussiez voulu.*

D. *Qu'est-ce que marque le futur ?*

R. Le futur marque qu'une chose arrivera dans un temps qui n'est pas encore : comme quand on dit, J'AURAI *de l'argent. Nos corps* RESSUSCITERONT *au dernier jour.*

D. *Qu'est-ce que marque le futur passé ?*

R. Le futur passé marque qu'une chose qui n'est pas encore, sera passée quand une autre chose arrivera : comme dans cet exemple : *Quand* J'AURAI FINI *mes affaires, je vous irai voir ;* ou, J'AURAI FINI *mes affaires, quand je vous irai voir.*

Des Modes.

D. *Qu'est-ce que les modes ?*

R. Ce sont les différentes manières d'affirmer ou de signifier dans les verbes.

D. *Combien y a-t-il de modes ?*

R. Il y en a quatre, qui sont :

L'Indicatif.

L'Impératif.

Le Subjonctif ou Conjonctif.

L'Infinitif.

D. *Qu'est-ce que l'indicatif ?*

R. C'est une manière d'exprimer directement et positivement les divers temps des verbes, sans qu'ils dépendent nécessairement des mots qui peuvent être auparavant.

D. *Donnez-en quelques exemples ?*

R. Quand je dis, J'AIME *la vertu.* Vous *m'*AVEZ RENDU *service.* Nous FINIRONS *votre affaire* ; les temps *j'aime, vous avez rendu, nous finirons,* ne supposent aucun mot précédent dont ils dépendent.

D. *Qu'est-ce que l'impératif?*

R. C'est une manière de signifier dans les verbes l'action de commander, de prier, ou d'exhorter et de défendre.

D. *Apportez-en quelques exemples?*

R. Quand je dis, RENDEZ *témoignage à la vérité*. CRAIGNEZ *Dieu plus que les hommes*; c'est comme si je disois, *je vous commande, je vous prie, je vous exhorte de rendre témoignage à la vérité*, *de craindre Dieu plus que les hommes* : et quand je dis, NE ROUGISSEZ PAS *de pratiquer les maximes de l'Evangile;* c'est comme si je disois, *je vous défends de rougir de pratiquer les maximes de l'Evangile.*

D. *Pourquoi l'impératif n'a-t-il pas de première personne?*

R. Parce qu'ordinairement on ne se commande pas à soi-même.

D. *Pourquoi le temps de l'impératif est-il appellé* présent *ou* futur?

R. Parce qu'on commande dans un temps présent pour un temps à venir.

D. *Qu'est-ce que le subjonctif* ou *conjonctif?*

R. C'est une manière d'exprimer indirectement les divers temps des verbes, avec une dépendance nécessaire de quelques mots précédents.

D. *Donnez-en des exemples?*

R. Dans ces phrases, *Il faut que* JE FASSE *un discours. Je souhaitois que* VOUS VINS-

SIEZ; les temps *je fasse*, *vous vinssiez*, supposent nécessairement quelques mots qui les précèdent et dont ils dépendent; tels que sont ici, *il faut que*, *je souhaitois que*.

D. *Pourquoi avez-vous appellé le premier temps du subjonctif* présent *ou* futur ?

R. Parce qu'il s'emploie aussi souvent dans le sens de l'un que dans le sens de l'autre. Il est au présent dans cette phrase, *Croyez-vous qu'il* SOIT *en chemin?* c'est-à-dire, *croyez-vous qu'il* EST *en chemin?* Il est au futur dans celle-ci, *Je ne crois pas qu'il* VIENNE *demain*; c'est-à-dire, *Je ne crois pas qu'il* VIENDRA *demain*.

D. *Comment peut-on connoître de quel temps du subjonctif on doit se servir?*

R. La règle générale est que, quand le verbe qui doit être au subjonctif est précédé d'un autre verbe au présent ou au futur, il faut le mettre au présent du subjonctif; et que, quand le verbe qui le précède est à un des temps passés ou conditionnels, il faut le mettre tantôt à l'imparfait, tantôt au prétérit, et tantôt au plusque-parfait du subjonctif, mais jamais au présent.

D. *Appliquez cette règle à quelques exemples?*

R. *J'attends qu'il* REVIENNE. *Il faudra que je* PRENNE *mon parti. Il vouloit que je l'*ACCOMPAGNASSE, et non, *il vouloit que je l'*ACCOMPAGNE. *Je souhaiterois que vous* FUSSIEZ *plus modeste. Dieu a permis que le* *démon* AIT SÉDUIT *Eve. Nous aurions craint que vous n'*EUSSIEZ *pas réussi.*

D. *Qu'est-ce que l'infinitif?*

R. C'est dans le verbe une manière de signifier indéfiniment sans nombres ni personnes.

D. *Donnez-en des exemples?*

R. Quand je dis, *être, avoir, aimer, finir, etc.* je fais seulement entendre la signification de ces verbes d'une manière générale, sans y rien ajouter de plus.

ARTICLE III.

De la formation des Temps.

D. COMMENT *divise-t-on les temps d'un verbe, en les considérant par l'expression?*

R. On les divise en *temps simples* et en *temps composés.*

D. *Qu'est-ce qu'on appelle* les temps simples *d'un verbe?*

R. Les temps simples d'un verbe sont ceux qui s'expriment en un seul mot, ou accompagnés seulement des pronoms personnels.

D. *Combien y a-t-il de temps simples?*

R. Il y en a onze; savoir:

L'infinitif présent, comme *aimer.*

Le participe actif présent, comme *aimant.*

Le prétérit passif présent, comme *aimé.*
Le présent de l'indicatif, comme *j'aime.*
L'imparfait de l'indicatif, comme *j'aimois.*
Le prétérit de l'indicatif, comme *j'aimai.*
Le futur de l'indicatif, comme *j'aimerai.*
Le conditionnel présent, comme *j'aimerois.*
L'impératif, comme *aime.*
Le présent du subjonctif, comme *que j'aime.*
L'imparfait du subjonctif, comme *que j'aimasse.*

D. *Qu'est-ce qu'on appelle* les temps composés *d'un verbe* ?

R. Les temps composés d'un verbe sont ceux qui se conjuguent toujours avec quelques temps simples du verbe auxiliaire *avoir* ou *être.*

D. *Combien y a-t-il de temps composés?*

Il y en a dix ; savoir :

Le prétérit indéfini, comme *j'ai aimé, je suis tombé.*
Le prétérit antérieur, comme *j'eus aimé, je fus tombé.*
Le prétérit antérieur indéfini, comme *j'ai eu aimé, j'ai été tombé.*
Le plusque-parfait de l'indicatif, comme *j'avois aimé, j'étois tombé.*
Le futur passé, comme *j'aurai aimé, je serai tombé.*
Le conditionnel passé, comme *j'aurois* ou *j'eusse aimé, je serois* ou *je fusse tombé.*
Le prétérit du subjonctif, comme *que j'aie aimé, que je sois tombé.*

Le plusque-parfait du subjonctif, comme *que j'eusse aimé, que je fusse tombé.*

Le prétérit de l'infinitif, comme *avoir aimé, être tombé.*

Le prétérit du participe actif, comme *ayant aimé, étant tombé.*

Le prétérit du participe passif, comme *ayant été aimé.*

D. *Quels sont les temps les plus difficiles à former?*

R. Ce sont les temps simples.

D. *Parmi ces temps simples, comment appelle-t-on ceux d'où se forment tous les autres?*

R. On les appelle temps primitifs.

D. *Combien y en a-t-il?*

R. Cinq, qui sont :

1. L'infinitif présent.
2. Le participe actif présent.
3. Le participe passif présent.
4. Le présent de l'indicatif.
5. Le prétérit de l'indicatif.

D. *Quels temps forme-t-on de l'infinitif présent?*

R. On en forme le futur de l'indicatif, en mettant *ai* après l'*r* de la dernière syllabe : *Aimer, j'aimer*ai. *Punir, je punir*ai. *Prendre, je prendr*ai.

Les verbes qui ont l'infinitif en *enir* et en *oir*, changent au futur, *enir* en *iendrai*, et *oir* en *rai* : *v*enir, je *v*iendrai. *Recev*oir, je *recev*rai.

D. *D'où*

D. *D'où se forme le conditionnel présent?*

R. Il se forme dans tous les verbes du futur de l'indicatif, en changeant *ai* en *ois*: *Je chanter*ai, *je chanter*ois. *Je dormir*ai, *je dormir*ois. *Je rendr*ai, *je rendr*ois. *Je voudr*ai, *je voudr*ois, etc.

D. *Quels temps forme-t-on du participe actif présent?*

R. On en forme:

1. L'imparfait de l'indicatif, en changeant *ant* en *ois*: *Porter*, *port*ant, *je port*ois. *Lire*, *lis*ant, *je lis*ois. *Finir*, *finiss*ant, *je finiss*ois, etc.

2. Le présent du subjonctif, en changeant *ant* en *e* muet: *Chanter*, *chant*ant, *que je chant*e. *Dire*, *dis*ant, *que je dis*e. *Ecrire*, *écriv*ant, *que j'écriv*e, etc.

Excepté les verbes qui ont l'infinitif en *enir* et en *evoir*, qui changent *enant* en *ienne*, et *evant* en *oive*: *Tenir*, *ten*ant, *que je t*ienne. *Concevoir*, *concev*ant, *que je conç*oive.

3. Les premières et secondes personnes du pluriel du présent de l'indicatif, en changeant *ant* en *ons* et en *ez*: *Donner*, *donn*ant, *nous donn*ons, *vous donnez*. *Bâtir*, *bâtiss*ant, *nous bâtiss*ons, *vous bâtissez*. *Devoir*, *dev*ant, *nous dev*ons, *vous devez*. *Ecrire*, *écriv*ant, *nous écriv*ons, *vous écrivez*.

4. Les premières et secondes personnes du pluriel du présent du subjonctif, en

changeant *ant* en *ions* et en *iez* : *Répondre*, *répondant*, *que nous répondions*, *que vous répondiez*. *Envoyer*, *envoyant*, *que nous envoyions*, *que vous envoyiez*. *Recevoir*, *recevant*, *que nous recevions*, *que vous receviez*.

D. *Quels temps forme-t-on du participe passif?*

R. On en forme tous les temps composés, en y ajoutant les temps simples du verbe auxiliaire *avoir* ou *être*. Ainsi du participe passif *aimé*, on fait *j'ai aimé*, *j'eus aimé*, etc. et du participe passif *tombé*, on fait *je suis tombé*, *je fus tombé*, *etc.*

D. *Quels temps forme-t-on du présent de l'indicatif?*

R. On en forme l'impératif, en supprimant seulement le pronom personnel *je* : *J'aime*, *aime*. *Je finis*, *finis*. *Je reçois*, *reçois*. *Je rends*, *rends*.

Les deux troisièmes personnes de l'impératif sont semblables à celles du présent du subjonctif.

La première et la seconde personne du pluriel de l'impératif sont les mêmes que celles du présent de l'indicatif, dont on retranche les pronoms personnels *nous* et *vous*. *Nous finissons*, *vous finissez* ; *finissons*, *finissez*, *etc.*

D. *Quels temps forme-t-on du prétérit de l'indicatif?*

R. On en forme l'imparfait du subjonctif, en changeant *ai* en *asse* pour les verbes de la première conjugaison : *Je donnai, que je donn*asse ; et en y ajoutant *se* pour les verbes des trois autres conjugaisons : *Je finis, que je fin*isse. *Je tins, que je tin*sse. *Je reçus, que je reçu*sse. *Je rendis, que je rendi*sse.

D. *N'y a-t-il pas des exceptions à ces règles générales de formation des temps ?*

R. Oui : il y en a plusieurs qu'on trouvera dans le livre des principes.

ARTICLE IV.

Des différentes sortes de Verbes.

D. COMBIEN *y a-t-il de sortes de Verbes ?*

R. Il n'y en a proprement que de deux sortes ; savoir, le verbe substantif, et les verbes adjectifs. Mais on peut regarder encore les verbes auxiliaires comme une troisième sorte de verbe.

Du Verbe substantif.

D. *Quel est le verbe qu'on appelle* substantif ?

R. C'est le verbe *être*, lorsqu'il est suivi d'un nom substantif ou d'un nom adjectif, qui se rapporte au sujet ou au nominatif du verbe, comme dans ces exemples : *Le Soleil est* LUMINEUX *par lui-même. La*

Lune et les autres planettes sont DES CORPS *opaques.*

D. *N'y a-t-il que le verbe* être *qui soit substantif ?*

R. On peut regarder comme verbe substantif, tout verbe qui est suivi d'un nom substantif ou adjectif qui se rapporte au nominatif du verbe. Ainsi dans ces phrases : *La saison devient belle. La Terre paroît immobile. Un assemblage d'étoiles s'appelle Constellation* ; les verbes *devient*, *paroît* et *s'appelle*, peuvent être regardés comme verbes substantifs ; parce qu'ils sont suivis de noms qui se rapportent aux nominatifs, *saison*, *terre* et *assemblage.*

D. *Comment se connoissent les verbes, autres que le verbe* être, *qui peuvent être regardés comme verbes substantifs ?*

R. Quand ils peuvent souffrir, après eux, un nom adjectif, comme *paroître sage*, *devenir savant*, *demeurer fidèle*, *tomber malade*, etc.

D. *Le verbe* être *est-il toujours substantif ?*

R. Il est encore quelquefois adjectif, quand il renferme l'attribut de l'existence : comme quand on dit : *Je pense, donc je suis* ; c'est-à-dire, *je suis un être*, *une chose*, ou *je suis existant*

Des Verbes adjectifs.

D. *Combien y a-t-il de sortes de verbes adjectifs ?*

R. Il y en a de cinq sortes; savoir :
Le verbe actif.
Le verbe neutre.
Le verbe passif.
Les verbes réfléchis et réciproques.
Le verbe impersonnel.

D. *Qu'est-ce que le verbe actif?*

R. Le verbe actif est un verbe qui exprime une action, et après lequel on peut toujours mettre ces mots, *quelqu'un* ou *quelque chose*. Ainsi, *porter*, *connoître*, sont des verbes actifs, parce qu'on peut dire, *porter quelque chose*, *connoître quelqu'un*.

D. *Qu'est-ce que le verbe neutre?*

R. Le verbe neutre est un verbe qui exprime quelquefois une action, et souvent n'en exprime pas; mais après lequel on ne peut jamais mettre ces mots, *quelqu'un* ou *quelque chose*. Ainsi, *venir*, *dormir*, sont des verbes neutres, parce qu'on ne peut pas dire, *venir quelqu'un*, *venir quelque chose*, ni *dormir quelqu'un*, *dormir quelque chose*.

D. *Comment se conjuguent les verbes neutres?*

R. La plupart se conjuguent comme les verbes actifs, avec les temps simples du verbe auxiliaire *avoir*, dans leurs temps composés, comme *dormir*, *dîner*, *souper*, *etc.*

D'autres se conjuguent avec les temps simples du verbe auxiliaire *être*, dans les mêmes temps composés, comme *venir*, *arriver*, *tomber*, *etc*.

D. *Conjuguez un verbe neutre avec le verbe auxiliaire* être.

R. INDICATIF.

PRÉSENT.

Je tomb*e*.
Tu tomb*es*.
Il tomb*e*.
Nous tomb*ons*.
Vous tomb*ez*.
Ils tomb*ent*.

IMPARFAIT.

Je tomb*ois*.
Tu tomb*ois*.
Il tomb*oit*.
Nous tomb*ions*.
Vous tomb*iez*.
Ils tomb*oient*.

PRÉTÉRIT.

Je tomb*ai*.
Tu tomb*as*.
Il tomb*a*.
Nous tomb*âmes*.
Vous tomb*âtes*.
Ils tomb*èrent*.

PRÉTÉRIT INDÉFINI.

Je suis tombé *ou* tombée.
Tu es tombé *ou* tombée.
Il est tombé *ou* elle est tombée.
Nous sommes tombés *ou* tombées.
Vous êtes tombés *ou* tombées.
Ils sont tombés *ou* elles sont tombées.

PRÉTÉRIT ANTÉRIEUR.

Quand Je fus tombé *ou* tombée.
Tu fus tombé *ou* tombée.
Il fut tombé *ou* elle fut tombée.
Nous fûmes tombés *ou* tombées.
Vous fûtes tombés *ou* tombées.
Ils furent tombés *ou* elles furent tombées.

PRÉTÉRIT ANTÉRIEUR INDÉFINI.

Quand J'ai été tombé *ou* tombée.
Tu as été tombé *ou* tombée.
Il a été tombé *ou* elle a été tombée.
Nous avons été tombés *ou* tombées.
Vous avez été tombés *ou* tombées.
Ils ont été tombés *ou* elles ont été tombées.

PLUSQUE-PARFAIT.

J'étois tombé *ou* tombée.
Tu étois tombé *ou* tombée.
Il étoit tombé *ou* elle étoit tombée.
Nous étions tombés *ou* tombées.

Vous étiez tombés *ou* tombées.

Ils étoient tombés *ou* elles étoient tombées.

FUTUR.

Je tomber*ai*.

Tu tomber*as*.

Il tomber*a*.

Nous tomber*ons*.

Vous tomber*ez*.

Ils tomber*ont*.

FUTUR PASSÉ.

Quand Je serai tombé *ou* tombée.

Tu seras tombé *ou* tombée.

Il sera tombé *ou* elle sera tombée.

Nous serons tombés *ou* tombées.

Vous serez tombés ou tombées.

Ils seront tombés *ou* elles seront tombées.

CONDITIONNEL PRÉSENT.

Je tomber*ois*.

Tu tomber*ois*.

Il tomber*oit*.

Nous tomber*ions*.

Vous tomber*iez*.

Ils tomber*oient*.

CONDITIONNEL PASSÉ.

Je serois *ou* je fusse tombé *ou* tombée.

Tu serois *ou* tu fusses tombé *ou* tombée.

Il seroit *ou* il fût tombé, *ou* elle seroit *ou* elle fût tombée.

Nous serions *ou* nous fussions tombés *ou* tombées.

Vous seriez *ou* vous fussiez tombés *ou* tombées.

Ils seroient *ou* ils fussent tombés, *ou* elles seroient *ou* elles fussent tombées.

IMPÉRATIF.

PRÉSENT *ou* FUTUR.

Tombe.

Qu'il tomb*e*.

Tomb*ons*.

Tomb*ez*.

Qu'ils tomb*ent*.

SUBJONCTIF

ou

CONJONCTIF.

PRÉSENT *ou* FUTUR.

Il faut Que je tomb*e*.

Que tu tomb*es*.

Qu'il tomb*e*.

Que nous tomb*ions*.

Que vous tomb*iez*.

Qu'ils tomb*ent*.

IMPARFAIT.

Il falloit Que je tomba*sse*.

Que tu tomba*sses*.

Qu'il tomb*ât*.

Que nous tomba*ssions*.

Que vous tomba*ssiez*.

Qu'ils tomba*ssent*.

PRÉTÉRIT.

Il a fallu Que je sois tombé *ou* tombée.

Que tu sois tombé *ou* tombée.

Qu'il soit tombé *ou* qu'elle soit tombée.

Que nous soyons tombés *ou* tombées.

Que vous soyez tombés *ou* tombées.

Qu'ils soient tombés *ou* qu'elles soient tombées.

PLUSQUE-PARFAIT.

Il auroit fallu Que je fusse tombé *ou* tombée.

Que tu fusses tombé *ou* tombée.

Qu'il fût tombé *ou* qu'elle fût tombée.

Que nous fussions tombés *ou* tombées.

Que vous fussiez tombés *ou* tombées.

Qu'ils fussent tombés *ou* qu'elles fussent tombées.

INFINITIF.

PRÉSENT.

Tomber.

PRÉTÉRIT.

Être tombé *ou* tombée.

PARTICIPE ACTIF.

PRÉSENT.

Tomb*ant*.

PRÉTÉRIT.

Étant tombé *ou* tombée.

PARTICIPE PASSIF.

Tombé *ou* tombée.

GÉRONDIF.

En tomb*ant* *ou* tomb*ant*.

D. *Qu'est-ce que le régime du Verbe ?*

R. C'est un nom ou pronom qui se met ordinairement à la suite du verbe, et qui en dépend. Ainsi dans ces phrases : *J'aime la vertu. Je profite de l'exemple ; la vertu* et *de l'exemple*, sont régimes des verbes *j'aime* et *je profite*, parce qu'ils sont à la suite de ces verbes, et qu'ils en dépendent.

D. *Ne donne-t-on pas un autre nom au régime du verbe ?*

R. On l'appelle encore *le cas du verbe*.

D. *Combien y a-t-il de sortes de régimes ?*

R. Il y en a de deux sortes ; *le régime direct* ou *absolu*, et *le régime indirect* ou *relatif*.

D. *Qu'est-ce que le régime direct* ou *absolu ?*

R. C'est celui qui s'exprime par un accusatif. Ainsi dans *J'aime Dieu. J'étudie la Grammaire; Dieu* et *la Grammaire* sont régimes directs ou absolus des verbes *j'aime* et *j'étudie*.

D. *Qu'est-ce que le régime indirect* ou *relatif?*

R. C'est celui qui s'exprime par le génitif, par le datif, ou par l'ablatif. Ainsi dans ces phrases : *Je me repens de ma faute. Je réponds à votre lettre. Je reviens de Rome; de ma faute, à votre lettre,* et *de Rome,* sont régimes indirects ou relatifs des verbes *je me repens, je réponds* et *je reviens.*

D. *A quels verbes conviennent ces mêmes régimes?*

R. Le régime absolu ne peut convenir qu'au verbe actif.

Le régime relatif convient également au verbe actif et à toutes les autres espèces de verbes adjectifs.

D. *De quoi se sert-on en françois pour exprimer un verbe passif?*

R. On se sert du verbe *être* qu'on joint et que l'on conjugue dans tous ses temps avec le participe passif d'un verbe actif. Ainsi dans ces phrases : *La vertu est estimée; L'argent a été reçu; Les livres seront rendus; est estimée, a été reçu, seront rendus* sont des verbes passifs, parce que *estimée, reçu* et *rendus* sont des participes passifs des verbes actifs, *estimer*, *recevoir* et *rendre*, joints à quelques temps du verbe *être*.

D. *De quels verbes peut-on faire des verbes passifs ?*

R. Des seuls verbes actifs, comme de *j'aime*, *je loue*, *je méprise*, on fait, *je suis aimé*, *je suis loué*, *je suis méprisé*, *etc.*

D. *Quel est le régime du verbe passif?*

R. C'est toujours un ablatif, ou *par* avec un accusatif, comme, *Je suis connu du Roi ; J'ai été maltraité par mon frère.*

D. *Conjuguez un verbe passif seulement par les premières personnes de chaque temps.*

R. INDICATIF.

PRÉSENT.

Je suis aimé *ou* aimée.

IMPARFAIT.

J'étois aimé *ou* aimée.

PRÉTÉRIT.

Je fus aimé *ou* aimée.

PRÉTÉRIT INDÉFINI.

J'ai été aimé *ou* aimée.

PRÉTÉRIT ANTÉRIEUR.

Quand J'eus été aimé *ou* aimée.

PRÉTÉRIT ANTÉRIEUR INDÉFINI.

Quand J'eus été aimé *ou* aimée.

PLUSQUE-PARFAIT.

J'avois été aimé *ou* aimée.

FUTUR.

Je serai aimé *ou* aimée.

FUTUR PASSÉ.

Quand J'aurai été aimé *ou* aimée.

CONDITIONNEL PRÉSENT.

Je serois aimé *ou* aimée.

CONDITIONNEL PASSÉ.

J'aurois *ou* j'eusse été aimé *ou* aimée.

IMPÉRATIF.

PRÉSENT *ou* FUTUR.

Sois aimé *ou* aimée.

SUBJONCTIF *ou* CONJONCTIF.

PRÉSENT *ou* FUTUR.

Il faut Que je sois aimé *ou* aimée.

IMPARFAIT.

Il falloit Que je fusse aimé ou aimée.

PRÉTÉRIT.

Il a fallu Que j'aie été aimé ou aimée.

PLUSQUE-PARFAIT.

Il auroit fallu Que j'eusse été aimé *ou* aimée.

INFINITIF.

PRÉSENT.

Être aimé *ou* aimée.

PRÉTÉRIT.

Avoir été aimé *ou* aimée.

PARTICIPE PASSIF.

PRÉSENT.

Aimé *ou* aimée.

PRÉTÉRIT.

Ayant été aimé *ou* aimée.

D. *Qu'est-ce que le verbe réfléchi ?*

R. Le verbe réfléchi est celui qui exprime l'action d'un sujet qui agit sur lui-même, et qui se conjugue toujours avec les pronoms conjonctifs, *me*, *te*, *se*, *nous*, *vous*, *se*, lesquels se mettent entre le nominatif du verbe et le verbe : comme *je* ME *chagrine*, *tu* TE *satisfais*, *il* SE *trompe*, *etc.*

D. *De quelle personne faut-il que soient les pronoms conjonctifs joints aux verbes réfléchis ?*

R. Il faut qu'ils soient de la même personne que le nominatif du verbe : comme dans *je me chagrine*, *je* et *me* sont de la première personne du singulier ; dans *l'homme se trompe*, *l'homme* et *se* sont de la troisième personne du singulier ; dans *vous vous perdez*, *vous* et *vous* sont de la seconde personne du pluriel : et ainsi des autres.

D. *De quels cas les pronoms conjonctifs tiennent-ils lieu dans les verbes réfléchis ?*

R. Ils tiennent lieu dans les uns de l'accusatif du pronom personnel, comme dans *je me flatte*, c'est-à-dire, *je flatte moi.*

Dans d'autres ils tiennent lieu du datif du pronom personnel, comme dans *Pierre se donne un habit*, c'est-à-dire, *Pierre donne un habit à soi.*

Il y en a quelques-uns où ils ne tiennent proprement lieu d'aucun cas, comme dans *je me repens*, *je m'apperçois*, qu'on ne peut pas tourner par *je repens moi* ou *à moi*, *j'apperçois moi* ou *à moi.* Cependant on les regarde comme étant à l'accusatif.

D. *Comment se conjuguent les verbes réfléchis?*

R. Ils se conjuguent avec le verbe auxiliaire *être* dans leurs temps composés, comme on va le voir dans la conjugaison du verbe réfléchi *se repentir.*

INDICATIF.

PRÉSENT.

Je me repens.
Tu te repens.
Il se repent.
Nous nous repent*ons*.
Vous vous repent*ez*.
Ils se repent*ent*.

IMPARFAIT.

Je me repent*ois*.
Tu te repent*ois*.
Il se repent*oit*.
Nous nous repent*ions*.
Vous vous repent*iez*.
Ils se repent*oient*.

PRÉTÉRIT.

Je me repenti*s*.
Tu te repenti*s*.
Il se repenti*t*.
Nous nous repentî*mes*.
Vous vous repentî*tes*.
Ils se repenti*rent*.

PRÉTÉRIT INDÉFINI.

Je me suis repenti *ou* repentie.
Tu t'es repenti *ou* repentie.
Il s'est repenti ou elle s'est repentie.
Nous nous sommes repentis *ou* repenties.
Vous vous êtes repentis *ou* repenties.

Ils se sont repentis *ou* elles se sont repenties.

PRÉTÉRIT ANTÉRIEUR.

Quand Je me fus repenti *ou* repentie.

Tu te fus repenti *ou* repentie.

Il se fut repenti *ou* elle se fut repentie.

Nous nous fûmes repentis *ou* repenties.

Vous vous fûtes repentis *ou* repenties.

Ils se furent repentis *ou* elles se furent repenties.

PLUSQUE-PARFAIT.

Je m'étois repenti *ou* repentie

Tu t'étois repenti *ou* repentie

Il s'étoit repenti *ou* elle s'étoit repentie.

Nous nous étions repentis *ou* repenties.

Vous vous étiez repentis *ou* repenties.

Ils s'étoient repentis *ou* elles s'étoient repenties.

FUTUR.

Je me repenti*rai*.

Tu te repenti*ras*.

Il se repenti*ra*.

Nous nous repenti*rons*.

Vous vous repenti*rez*.

Ils se repenti*ront*.

FUTUR PASSÉ.

Quand Je me serai repenti. *ou* repentie.

Tu te seras repenti *ou* repentie.

Il se sera repenti *ou* elle se sera repentie.

Nous nous serons repentis *ou* repenties.

Vous vous serez repentis *ou* repenties.

Ils se seront repentis *ou* elles se seront repenties.

CONDITIONNEL PRÉSENT.

Je me repenti*rois*.

Tu te repenti*rois*.

Il se repenti*roit*.

Nous nous repenti*rions*.

Vous vous repenti*riez*.

Ils se repenti*roient*.

CONDITIONNEL PASSÉ.

Je me serois *ou* je me fusse repenti *ou* repentie.

Tu te serois *ou* tu te fusses repenti *ou* repentie.

Il se seroit *ou* il se fût repenti, *ou* elle se seroit *ou* elle se fût repentie.

Nous nous serions *ou* nous nous fussions repentis *ou* repenties.

Vous vous seriez *ou* vous vous fussiez repentis *ou* repenties.

Ils se seroient *ou* ils se fussent repentis, *ou* elles se seroient *ou* elles se fussent repenties.

IMPÉRATIF.

PRÉSENT *ou* FUTUR.

Repens-toi.

Qu'il se repent*e*.

Repent*ons*-nous.

Repent*ez*-vous.

Qu'ils se repent*ent*.

SUBJONCTIF
ou
CONJONCTIF.

PRÉSENT *ou* FUTUR.

Il faut Que je me repent*e*.
Que tu te repent*es*.
Qu'il se repent*e*.
Que nous nous repen*tions*.
Que vous vous repen*tiez*.
Qu'ils se repent*ent*.

IMPARFAIT.

Il falloit Que je me repen*tisse*.
Que tu te repent*isses*.
Qu'il se repent*ît*.
Que nous nous repen*tissions*.
Que vous vous repen*tissiez*.
Qu'ils se repent*issent*.

PRÉTÉRIT.

Il a fallu Que je me sois repenti *ou* repentie.
Que tu te sois repenti *ou* repentie.
Qu'il se soit repenti ou qu'elle se soit repentie.
Que nous nous soyons repentis *ou* repenties.
Que vous vous soyez repentis *ou* repenties.
Qu'ils se soient repentis *ou* qu'elles se soient repenties.

PLUSQUE-PARFAIT.

Il auroit fallu Que je me fusse repenti *ou* repentie.
Que tu te fusses repenti *ou* repentie.
Qu'il se fût repenti *ou* qu'elle se fût repentie.
Que nous nous fussions repentis *ou* repenties.
Que vous vous fussiez repentis *ou* repenties.
Qu'ils se fussent repentis *ou* qu'elles se fussent repenties.

INFINITIF.

PRÉSENT.

Se repentir.

PRÉTÉRIT.

S'être repenti *ou* repentie.

PARTICIPE ACTIF.

PRÉSENT.

Se repent*ant*.

PRÉTÉRIT.

S'étant repenti *ou* repentie.

PARTICIPE ACTIF.

PRÉSENT.

Repenti *ou* repentie.

GÉRONDIF.

En se repent*ant ou* se repent*ant*.

D. *Qu'est-ce que le verbe réciproque?*

R. C'est un verbe qui signifie l'action de deux ou de plusieurs sujets qui agissent les uns sur les autres : comme quand on dit :

Ils se battent tous deux, nous nous aimons les uns les autres.

Ce verbe se conjugue de la même manière que le verbe réfléchi.

D. *De quel nombre sont, dans ces verbes, le nominatif du verbe, et les pronoms conjonctifs qui les accompagnent ?*

R. Ils ne peuvent être qu'au pluriel, puisqu'il y a nécessairement plusieurs sujets qui agissent les uns sur les autres.

D. *Les pronoms conjonctifs se rapportent-ils au nominatif du verbe ?*

R. Non : car quand on dit, *Pierre et Antoine se battent*, cela veut dire que *Pierre bat Antoine*, *et qu'Antoine bat Pierre.*

D. *Qu'est-ce que le verbe impersonnel ?*

R. Le verbe impersonnel est celui qui ne s'emploie dans tous les temps qu'à la troisième personne du singulier avec le pronom *il* ou *on*, comme, *il pleut*, *il faut*, *il importe*, *on aime*, *on étudie*, *etc.*

D. *Comment connoît-on qu'un verbe à la troisième personne du singulier, précédé du pronom* il, *est impersonnel ?*

R. C'est quand le pronom *il* ne tient lieu d'aucun nom déjà exprimé. Ainsi dans cette phrase : *Voilà un bon chapeau*, IL *convient que je l'achete*, on ne peut mettre *chapeau* ni aucun autre nom à la place de *il*, et on ne pourroit pas dire, *ce chapeau convient que je l'achete.* Par conséquent *il convient* est un verbe impersonnel.

Mais dans celle-ci : *Voilà un bon chaveau, il convient à ma tête ; il convient* n'est pas impersonnel, parce qu'on peut mettre *chapeau* à la place de *il*, et dire ce *chapeau convient à ma tête.*

D. *Comment se conjuguent les verbes impersonnels ?*

R. Ils se conjuguent comme les autres verbes, excepté qu'ils n'ont dans chaque temps que la troisième personne du singulier, précédée du pronom *il* ou *on.*

D. *Conjuguez les deux verbes impersonnels* il faut *et* il y a, *qui sont d'un grand usage ?*

R. INDICATIF.

PRÉSENT.

Il faut.

IMPARFAIT.

Il fall*oit.*

PRÉTÉRIT.

Il fallut.

PRÉTÉRIT INDÉFINI.

Il a fallu.

PRÉTÉRIT ANTÉRIEUR.

Quand Il eut fallu.

PLUSQUE-PARFAIT.

Il avoit fallu.

FUTUR.

Il faud*ra.*

FUTUR PASSÉ.

Quand Il aura fallu.

CONDITIONNEL PRÉSENT.

Il faud*roit.*

CONDITIONNEL PASSÉ.

Il auroit *ou* il eût fallu.

SUBJONCTIF

ou

CONJONCTIF.

PRÉSENT *ou* FUTUR.

Qu'il faille.

IMPARFAIT.

Qu'il fallû*t.*

PRÉTÉRIT.

Qu'il ait fallu.

PLUSQUE-PARFAIT.

Qu'il eût fallu.

PARTICIPE ACTIF.

PRÉTÉRIT.

Ayant fallu.

Les

Les temps et les modes qui manquent à ce verbe ne sont point en usage.

INFINITIF.

PRÉSENT.

Il y a.

IMPARFAIT.

Il y av*oit*.

PRÉTÉRIT.

Il y eut.

PRÉTÉRIT INDÉFINI.

Il y a eu.

PRÉTÉRIT ANTÉRIEUR.

Quand Il y eut eu.

PLUSQUE-PARFAIT.

Il y avoit eu.

FUTUR.

Il y aur*a*.

FUTUR PASSÉ.

Quand Il y aura eu.

CONDITIONNEL PRÉSENT.

Il y aur*oit*.

CONDITIONNEL PASSÉ.

Il y auroit *ou* il y eût eu.

IMPÉRATIF.

PRÉSENT *ou* FUTUR.

Qu'il y ait.

SUBJONCTIF *ou* CONJONCTIF.

PRÉSENT *ou* FUTUR.

Il faut Qu'il y ait.

IMPARFAIT.

Il falloit Qu'il y eû*t*.

PRÉTÉRIT.

Il a fallu Qu'il y ait eu.

PLUSQUE-PARFAIT.

Il auroit fallu Qu'il y eût eu.

INFINITIF.

PRÉSENT.

Y avoir.

PRÉTÉRIT.

Y avoir eu.

PARTICIPE ACTIF.

PRÉSENT.

Y ay*ant*.

PRÉTÉRIT.

Y ayant eu.

D. *Conjuguez un verbe impersonnel avec le pronom général* on ?

R. INDICATIF.

PRÉSENT.

On aime.

IMPARFAIT.

On aim*oit*.

PRÉTÉRIT.

On aima.

PRÉTÉRIT INDÉFINI.

On a aimé.

PRÉTÉRIT ANTÉRIEUR INDÉFINI.

Quand On a eu aimé.

PLUSQUE-PARFAIT.

On avait aimé.

FUTUR.

On aime*ra*.

FUTUR PASSÉ.

Quand On aura aimé.

CONDITIONNEL PRÉSENT.

On aime*roit*.

CONDITIONNEL PASSÉ.

On auroit *ou* on eût aimé.

IMPÉRATIF.

PRÉSENT *ou* FUTUR.

Qu'on aim*e*

SUBJONCTIF

ou

CONJONCTIF.

PRÉSENT *ou* FUTUR.

Il faut Qu'on aime.

IMPARFAIT.

Il falloit Qu'on aimâ*t*.

PRÉTÉRIT.

Il a fallu Qu'on ait aimé.

PLUSQUE-PARFAIT.

Il auroit fallu Qu'on eût aimé.

INFINITIF.

PRÉSENT.

Aimer.

DES VERBES AUXILIAIRES.

D. *Combien y a-t-il de verbes auxiliaires ?*

R. Deux, le verbe *avoir* et le verbe *être*.

D. *Ces verbes sont-ils toujours auxiliaires ?*

R. Non : ils ne sont auxiliaires que quand ils sont suivis d'un participe passif avec lequel ils forment les temps composés des autres verbes, comme dans *j'*AI *aimé*, *nous* AVIONS *reçu*, *vous vous* ÊTES *repentis*, *nous* SERONS *estimés*.

D. *De quels verbes chacun des auxiliaires forment-ils les temps composés ?*

R. L'auxiliaire *avoir* suivi d'un participe passif, forme les temps composés de lui-même et du verbe *être*, de tous les verbes actifs, d'une partie des verbes neutres, et des verbes impersonnels, comme *j'ai eu*, *j'ai été*, *j'ai rendu*, *j'ai dormi*, *il a fallu*, *etc.*

L'auxiliaire *être*, suivi d'un participe passif, forme les temps composés d'une partie des verbes neutres, des verbes réfléchis, et de tous les temps des verbes passifs, comme *je suis tombé, je me suis repenti, je me suis aimé, etc.*

D. *Qu'est-ce que sont les verbes* avoir *et* être, *quand ils ne sont pas suivis d'un participe passif, et qu'ils ne sont pas auxiliaires?*

R. *Avoir*, est un verbe actif qui signifie la même chose que *posséder* : comme quand on dit, *j'ai de l'argent*, c'est-à-dire, *je possède de l'argent.*

Être, suivi d'un nom adjectif ou d'un nom substantif qui se rapporte au nominatif du verbe, est simplement un verbe substantif; comme quand on dit, *Dieu est bon. Cette figure est un triangle.*

CHAPITRE VII.

Du Participe.

D. QU'EST-CE *qu'un participe ?*

R. C'est un nom adjectif formé d'un verbe, et qui en a quelques propriétés, comme *aimant* et *aimé* formés du verbe *aimer*, *recevant* et *reçu* formés du verbe *recevoir*.

D. *Pourquoi l'appelle-t-on* participe ?

R. Parce qu'il participe de la nature du nom adjectif, et de la nature du verbe.

D. *En quoi participe-t-il de la nature du nom adjectif ?*

R. En ce qu'il suppose ordinairement un nom substantif auquel il se rapporte : comme quand on dit : *Pierre aimant* ou *recevant ; l'argent aimé* ou *reçu*.

D. *Quelles sont les propriétés que le participe emprunte du verbe ?*

R. Il a le régime du verbe dont il est formé, et il se rapporte tantôt au présent, et tantôt au passé. Ainsi comme on dit, *Pierre aime l'étude*, ou *Pierre est aimé de Dieu ;* on dit de même, *Pierre aimant* ou *ayant aimé l'étude ; Pierre aimé, étant aimé,* ou *ayant été aimé de Dieu.*

D. *En quoi le participe est-il différent du verbe ?*

R. En ce qu'il exprime l'attribut sans affirmation. Ainsi *recevant* et *reçu* ne sont que les attributs du verbe actif *recevoir*, et du verbe passif *être reçu*.

D. *Combien y a-t-il de sortes de participes ?*

R. Il y en a de deux sortes ; *les participes actifs et les participes passifs.*

D. *Qu'est-ce que les participes actifs ?*

R. Ce sont ceux qui sont terminés en *ant*, et qui ont ordinairement la signification active, comme *aimant*, *finissant*, *etc.*

D. *En quoi les participes actifs sont-ils différens des noms adjectifs ?*

R. En ce qu'ils sont indéclinables comme les gérondifs, c'est-à-dire qu'ils ne changent pas de terminaison, soit qu'ils se rapportent à des noms masculins ou féminins, singuliers ou pluriels. Ainsi l'on dit également, *un homme* LISANT, *une femme* LISANT, *des hommes* LISANT, *des femmes* LISANT *de bons livres.*

D. *N'y a-t-il pas des mots qui paroissent des participes actifs, déclinables ?*

R. Oui : et ce sont alors des adjectifs terminés en *ant*, et formés des verbes. On les reconnoît en ce qu'ils prennent la terminaison féminine ou plurielle, suivant les noms substantifs auxquels ils se rapportent : tels que sont *éclatant* et *dépendant*, qui font au féminin *éclatante*, *dépendante*, et au pluriel des deux genres, *éclatans*, *dépendans*, *éclatantes*, *dépendantes.*

D. *Le gérondif étant terminé en* ant *comme le participe actif, comment distingue-t-on l'un d'avec l'autre ?*

R. En ce qu'on met ordinairement et qu'on peut toujours mettre *en* avant le gérondif : comme quand on dit, *en étudiant on devient habile*, ou *vous le perdrez, le flattant comme vous faites*; c'est-à-dire, *en le flattant comme vous faites.*

Au lieu qu'on ne peut pas mettre *en* avant un participe actif, sans changer le sens de la phrase. Ainsi ce n'est pas la même chose de dire, *je vous ai vu priant Dieu*, ou *je vous ai vu en priant Dieu.*

D. *Qu'est-ce que les participes passifs ?*

R. Ce sont ceux qui ne sont pas terminés en *ant*, et qui ont ordinairement la signification passive : comme *aimé*, *fini*, *reçu*, *etc.*

D. *Quel est l'usage des participes passifs dans la conjugaison des verbes ?*

R. C'est, comme nous l'avons vu, d'en former tous les temps composés, avec les temps simples des verbes auxiliaires *avoir* et *être*.

D. *Où trouve-t-on facilement le participe passif de chaque verbe ?*

R. Dans le premier des temps composés, qui est le prétérit indéfini. Ainsi, *rendu* et *craint*, sont les participes passifs des verbes *rendre* et *craindre*, parce qu'ils font au prétérit indéfini, *j'ai rendu*, *j'ai craint.*

CHAPITRE VIII.

De la Préposition.

D. *Qu'est-ce que les prépositions ?*

R. Ce sont des mots indéclinables qui marquent les rapports que les choses ont entr'elles, et qui ont toujours un nom ou un pronom pour régime; comme quand on dit : *Dans la maison, avec moi, après l'étude, pour lui, etc.*

D. *Qu'entendez-vous quand vous dites que les prépositions sont des mots indéclinables ?*

R. J'entends que les prépositions n'ont ni genres, ni nombres, ni cas, comme les noms et les pronoms.

D. *Pourquoi ces mots sont-ils appellés* prépositions ?

R. Parce qu'ils se mettent toujours avant le nom ou le pronom qu'ils régissent.

D. *Comment peut-on diviser les prépositions ?*

R. Par les cas qu'elles régissent. Ainsi il y en a de trois sortes.

1. Celles qui régissent le génitif ou l'ablatif, comme *loin de, près de, auprès de, proche de, à côté de, hors de, autour de, à raison de, etc.*

2. Celles qui régissent le datif, comme *jusqu'à* ou *jusques à, quant à, par rapport à, etc.*

3. Celles qui régissent l'accusatif, dont le nombre est très-grand : telles que sont, *après, avant, avec, chez, contre, dans, depuis, derrière, dès, devant, durant, en, entre, envers, environ, excepté, malgré, outre, parmi, pendant, pour, sans, selon, sous, suivant, sur, vers, etc.*

D. *Comment peut-on distinguer les pré-*

positions qui régissent le génitif, d'avec celles qui régissent l'ablatif?

R. Les prépositions formées d'un nom, comme *à côté de*, *à raison de*, régissent le génitif; et les autres qui ont une expression particulière, comme *loin de*, *hors de*, régissent l'ablatif.

CHAPITRE IX.

De l'Adverbe.

D. QU'EST-CE *que les adverbes?*

R. Ce sont des mots indéclinables qui se joignent le plus ordinairement au verbe, pour en exprimer quelques circonstances. Ainsi quand on dit : *Je vous aime tendrement, vous m'avez servi fidèlement; tendrement et fidèlement* expriment quelques circonstances des verbes *aimer* et *servir*.

D. *Comment peut-on considérer les adverbes?*

R. Comme des expressions abrégées qui signifient en un seul mot ce qu'on ne pourroit faire entendre que par une préposition et un nom. Ainsi *tendrement*, *fidèlement*, signifient *avec tendresse*, *avec fidélité*. On peut rendre de la même manière presque tous les adverbes par des prépositions et des noms.

D. *Que*

D. *Que s'ensuit-il de-là ?*

R. Que les prépositions avec leurs régimes peuvent être regardées comme de véritables adverbes, qui expriment quelques circonstances d'un verbe ou d'un autre mot, puisque *avec sagesse* veut dire la même chose que *sagement*.

D. *Les adverbes reçoivent-ils quelque changement ?*

R. Non : ils sont indéclinables comme les prépositions ; c'est-à-dire, qu'ils n'ont en général ni genres, ni nombres, ni cas.

D. *Combien y a-t-il de sortes d'adverbes ?*

R. On en distingue ordinairement de six sortes ; savoir :

1. Les adverbes de temps, qui répondent à la question *quand ?* tels que sont, *hier*, *aujourd'hui*, *autrefois*, *demain*, *bientôt*, *souvent*, *toujours*, *etc.*

2. Les adverbes de lieu ou de situation : qui répondent à la question *où*, comme, *ici*, *là*, *y*, *près*, *loin*, *dedans*, *dehors*, *ailleurs*, *par-tout*, *etc.*

3. Les adverbes d'ordre et de rang, comme, *premièrement*, *secondement*, *devant*, *après*, *ensemble*, *etc.*

4. Les adverbes de quantité ou de nombre, qui répondent à la question *combien ?* tels que sont, *peu*, *beaucoup*, *guere*, *assez*, *tant*, *autant*, *trop*, *etc.*

5. Les adverbes de comparaison : tels que sont, *comme*, *ainsi*, *pareillement*,

aussi, *plus*, *davantage*, *pis*, *mieux*, *moins*, *presque*, etc.

6. Les adverbes de qualité ou de manière, qui répondent à la question *comment?* tels que sont, *bien*, *mal*, *modestement*, *sévèrement*, *courageusement*, *etc.*

D. *Comment peut-on regarder les adverbes de quantité ou de nombre?*

R. Comme des noms substantifs qui peuvent être régis par des verbes ou par des prépositions. Ainsi, *assez de vin*, *beaucoup de livres*, *peu de gens*, signifient, *une quantité suffisante de vin*, *un grand nombre de livres*, *un petit nombre de gens*; et l'on dit, *j'ai reçu beaucoup de marchandises*, *vivre avec peu de revenu*, où l'on voit que *beaucoup* est le régime du verbe *j'ai reçu*, et *peu* celui de la préposition *avec*.

D. *D'où se forment la plupart des adverbes de qualité ou de manière?*

R. La plupart des adverbes de qualité ou de manière se forment du féminin des noms adjectifs, en y ajoutant *ment*. Ainsi, de *grande*, féminin de *grand*, on fait *grandement*; de *douce*, féminin de *doux*, on fait *doucement*; de *nouvelle*, *nouvellement*; de *certaine*, *certainement*, etc.

D. *Les adverbes de qualité ou de manière ne sont-ils pas susceptibles de degrés de comparaison comme les adjectifs?*

R. Oui; et l'on en forme les comparatifs

et les superlatifs, en y joignant les mêmes mots qu'aux adjectifs. Ainsi,

Le comparatif d'égalité des adverbes *généreusement*, *fidèlement*, sera *aussi* ou *si généreusement*, *aussi* ou *si fidèlement.*

Le comparatif d'excès sera *plus généreusement*, *plus fidèlement.*

Le comparatif de défaut, sera *moins généreusement*, *moins fidèlement.*

Le superlatif absolu sera *très* ou *fort généreusement*, *très* ou *fort fidèlement.*

Le superlatif relatif sera *le plus généreusement*, *le plus fidèlement.*

Le comparatif d'excès de l'adverbe *bien*, est *mieux*; et celui de l'adverbe *mal*, est *pis.*

D. *N'y a t-il pas des mots qui sont quelquefois regardés comme adverbes, et quelquefois comme prépositions ?*

R. Oui : tels que sont, *après*, *loin*, *depuis*, et quelques autres, parce qu'ils sont employés quelquefois sans régime, comme dans, *il demeure loin*, et quelquefois avec un régime, comme dans, *sa maison est loin de la mienne.*

D. *N'y a-t-il pas des noms adjectifs qui sont quelquefois employés comme adverbes ?*

R. Oui : tels que sont les adjectifs *juste*, *clair*, *bas*, *bon*, *fort*, dans *chanter juste*, *voir clair*, *parler bas*, *sentir bon*, *frapper fort*, parce qu'alors ils expriment plutôt la circonstance d'une action ou d'un verbe, que la qualité d'une chose, et qu'ils répondent à la question *comment?*

CHAPITRE X.

De la Conjonction.

D. *Qu'est-ce que les conjonctions?*

R. Ce sont des mots indéclinables qui expriment diverses opérations de notre esprit, et qui servent à lier les parties d'une phrase ou d'un discours.

D. *Comment divise-t on les conjonctions?*

R. En quinze espèces principales; savoir:

1. Affirmatives, négatives, et de doute; *oui, oui-dà, non, ne, ni, ne pas, ne point, non pas, ne plus, point, point du tout, peut-être, etc.*

2. Copulatives ou d'assemblage; *et, aussi, tant..... que, ni, non plus, etc.*

3. Disjonctives ou de division; *ou, ou bien, soit, soit que, etc.*

4. Adversatives ou d'opposition; *mais, cependant, néanmoins, pourtant, etc.*

5. D'exception ou de restriction; *sinon, si ce n'est que, quoique, à moins de, etc.*

6. Conditionnelles; *si, pourvu que, supposé que, à condition que, en cas que, etc.*

7. Suspensives et d'incertitude; *si, savoir si, etc.*

8. Concessives ; *à la vérité, à la bonne heure que, quand, quand même, quoique, etc.*

9. Déclaratives ; *savoir, comme, c'est-à-dire, etc.*

10. Comparatives ou d'égalité ; *comme, de même, ainsi, ainsi que, autant que, si..... que, etc.*

11. Augmentatives et diminutives ; *d'ailleurs, outre que, de plus, au surplus, encore, etc.*

12. Causales ou causatives ; *car, parce que, comme, à cause que, attendu que, vu que, puisque, pourquoi ? d'où vient que ? afin que, afin de, pour, de peur que, de peur de, si..... que, etc.*

13. Illatives ou conclusives ; *or, donc, par conséquent, ainsi, c'est pourquoi, de sorte* ou *en sorte que, tellement que, de manière que, etc.*

14. De temps et d'ordre ; *quand, comme, lorsque, pendant que, tandis que, tant que, avant que, depuis que, dès que, aussitôt que, à peine, après que, cependant, encore, enfin, à la fin, etc.*

15. De transition ; *or, en effet, au reste, à propos, après tout, etc.*

D. *Sont-ce là toutes les conjonctions ?*

R. Il y en a encore plusieurs autres que l'usage et la réflexion feront connoître, et distinguer des prépositions et des adverbes.

D. *Quelle est la conjonction qui se ren-*

contre le plus fréquemment dans le discours ?

R. C'est la conjonction *que*, qui s'emploie dans un très-grand nombre de significations différentes les unes des autres, et dont la plus ordinaire est d'exprimer ou d'annoncer le régime de bien des verbes : comme dans, *Je crois* QUE *l'âme est immortelle* : *je doute* QUE *vous aimiez la vertu*; où le *que*, avec ce qui le suit, exprime le régime des verbes *je crois* et *je doute*. Je crois, quoi? *que l'âme est immortelle*. Je doute, de quoi? *que vous aimiez la vertu*.

D. *En quelles occasions* que *est-il conjonction ?*

R. *Que* est conjonction quand on ne peut le tourner ni par *lequel*, *laquelle*, ni par *quelle chose* : comme quand on dit, *Dieu veut que nous l'aimions*.

D. *Les prépositions ne sont-elles pas quelquefois mises au nombre des conjonctions ?*

R. Oui : quand au lieu d'un nom ou d'un pronom, elles régissent un verbe : comme quand on dit, LOIN *de blâmer votre conduite*. JUSQU'A *mépriser la vie*. APRÈS *avoir prié Dieu*. POUR *mériter le Ciel*. SANS *écouter mes raisons*.

D. *En quel mode met-on les verbes qui suivent les conjonctions ?*

R. 1°. Celles qui ressemblent à quelques

prépositions, ou qui sont terminées par *de*, gouvernent le verbe suivant à l'infinitif: comme dans, *je travaille* POUR *gagner le Ciel : Soyez attentif à vos devoirs*, DE PEUR DE *déplaire à vos supérieurs.*

2°. Celles qui sont terminées par *que*, gouvernent le verbe suivant, les unes à l'indicatif et les autres au subjonctif : comme dans, *Balthasar étoit à table*, LORSQU'*il vit la main qui écrivoit sa condamnation. Les Apôtres eurent le don des langues*, AFIN QU'*ils pussent annoncer l'Evangile à toutes les nations.*

D. *Est-il aisé de reconnoître si un verbe est au subjonctif ou à l'indicatif?*

R. Non, parce qu'il y a des verbes qui ont la même terminaison dans plusieurs temps de l'un et de l'autre mode : comme, dans les verbes de la première conjugaison, les trois personnes du singulier, et la troisième du pluriel du présent de l'indicatif, sont semblables aux mêmes personnes du présent du subjonctif; dans les verbes des quatre conjugaisons, la première et la seconde personnes du pluriel de l'imparfait de l'indicatif sont semblables aux mêmes du présent du subjonctif; et dans les verbes de la seconde conjugaison, les personnes du présent du subjonctif, excepté la troisième du singulier, sont semblables à celles de l'imparfait du même mode.

D. *Que faut-il faire pour s'assurer de*

ces temps après la conjonction que, *et pour savoir si cette conjonction gouverne l'indicatif ou le subjonctif?*

R. Il faut substituer aux temps des verbes dont elle est suivie, ceux du verbe *faire*, qui sont tous différens les uns des autres. Ainsi, au lieu de dire, *quoique j'aime, que tu aimes, qu'il aime, qu'ils aiment*, on dira, *quoique je fasse, que tu fasses, qu'il fasse, qu'ils fassent*; au lieu de, *lorsque nous aimions, vous aimiez*, on dira, *lorsque nous faisions, vous faisiez*; au lieu de, *pourvu que nous aimions, que vous aimiez, que nous finissions, que vous finissiez, que nous recevions, que vous receviez, que nous rendions, que vous rendiez*, on dira, *pourvu que nous fassions, que vous fassiez*; et au lieu de *il falloit que je finisse, que tu finisses, que nous finissions, que vous finissiez, qu'ils finissent*, on dira, *il falloit que je fisse, que tu fisses, que nous fissions, que vous fissiez, qu'ils fissent.* On connoîtra par là en quel temps sont les verbes, ou en quel mode il faudra les mettre après la conjonction *que*.

CHAPITRE XI.

De l'Interjection.

D. *Qu'est-ce que les Interjections ?*

R. Ce sont des mots indéclinables dont on se sert pour exprimer quelque mouvement de l'âme, comme la joie, la douleur, la crainte, l'aversion, l'encouragement, etc.

D. *Apportez des exemples pour chacun de ces mouvemens ?*

R. Pour exprimer la joie, on dit, *ha ! bon !*

Pour exprimer la douleur, on dit, *aye ! ah ! hélas ! mon Dieu ! hé !* ou *eh !*

Pour exprimer la crainte, on dit, *ah ! hélas ! hé !*

Pour exprimer l'aversion, on dit, *fi ! fi donc !*

Pour encourager quelqu'un, on dit, *ça, allons, courage.*

Pour admirer, on dit, *oh !*

Pour appeller quelqu'un, on dit, *hola ! hé !*

Pour faire cesser, on dit, *hola.*

Pour réprimer, on dit, *tout beau.*

Pour imposer silence, on dit, *paix.*

D. *Sont-ce là toutes les interjections ?*

R. On peut encore y ajouter tous les mots qu'on ne peut pas ranger au nombre des prépositions, des adverbes, ou des conjonctions : tels que sont, *certes*, *soit*, marquant consentement, *volontiers*, *adieu*, et quelques autres.

D. *Comment distingue-t-on une même interjection qui exprime différents mouvements de l'âme.*

R. On la distingue par les différents tons de voix dont on la prononce.

CHAPITRE XII.

OBSERVATIONS GÉNÉRALES SUR LES PARTIES DU DISCOURS.

I. *Accord de l'Adjectif avec le Substantif.*

D. *QUEL rapport y a-t-il entre le nom substantif et le nom adjectif?*

R. Il n'est pas nécessaire qu'un nom substantif soit accompagné d'un nom adjectif; mais un nom adjectif suppose toujours un nom substantif auquel il se rapporte.

D. *Comment s'accorde en françois l'adjectif avec le substantif?*

R. En genre, en nombre et en cas : c'est-à-dire qu'un nom adjectif doit toujours être du même genre, du même nombre, et au même cas que le nom substantif auquel il se rapporte, comme quand on dit : *L'homme prudent, la femme prudente, les hommes prudents, les femmes prudentes.*

D. *Cette règle ne regarde-t-elle que les noms adjectifs ?*

R. Elle regarde encore les pronoms et les participes qui ont différentes terminaisons pour le masculin et le féminin, le singulier et le pluriel. Ainsi, en les faisant accorder avec le nom substantif auquel ils se rapportent, il faut dire : *Mon livre, mes livres ; ma sœur, mes sœurs ; un homme estimé, une femme estimée, des hommes estimés, des femmes estimées, etc.*

D. *Trouve-t-on toujours dans la même phrase le nom substantif auquel se rapporte un adjectif ?*

R. Non : quelquefois ce substantif est sous-entendu, parce qu'il a été exprimé dans quelque phrase précédente. Ainsi pour le trouver, il faut examiner à quoi peut convenir ce qui est exprimé par le nom adjectif.

Mais il arrive souvent que les adjectifs n'ont rapport à aucun substantif exprimé dans le discours : alors ils sont toujours au masculin, et ils n'ont qu'un substantif vague et général, qu'on peut rendre par un des deux noms, *chose* ou *homme* : comme quand on dit : *Il est* UTILE *d'étudier : les* SAVANTS *admirent votre courage* : CELUI *qui aime Dieu : écoutez* CE *que je vous dis* : c'est-à-dire : *C'est une* CHOSE UTILE *d'étudier : les* HOMMES SAVANTS *admirent votre ouvrage :* L'HOMME *qui aime Dieu : écoutez la* CHOSE *que je vous dis.*

D. *Quand un nom adjectif se rapporte à plusieurs substantifs singuliers et de divers genres, en quel nombre et en quel genre le met-on ?*

R. 1. On le met au pluriel, parce que deux ou plusieurs singuliers valent un pluriel. Ainsi il faut dire : *Mon frère et ma sœur sont estimables*, et non pas *estimable.*

2. Le masculin étant plus noble que le féminin, on met ordinairement au masculin, ou l'on donne la terminaison masculine à l'adjectif qui se rapporte à plusieurs substantifs de divers genres. Ainsi on dit, *Mon frère et ma sœur sont contents*, et non pas *contentes.*

II. *Accord du Verbe avec son nominatif.*

D. *Quel rapport y a-t-il entre le verbe et le nominatif?*

R. Un nom au nominatif demande toujours un verbe : et tout verbe qui n'est pas impersonnel, ou qui n'est pas à l'infinitif, suppose toujours un nom substantif au nominatif, exprimé ou sous-entendu, dont il dépend.

D. *Quand ce nom substantif au nominatif n'est pas exprimé, qu'est-ce qui en tient lieu ?*

R. C'est toujours un pronom personnel ou autre : comme quand, après avoir parlé de Dieu, je dis, IL *jugera les hommes*, ou *lui* QUI *jugera les hommes.*

D. *Comment trouve-t-on le nominatif d'un verbe, ou le nom substantif dont le pronom tient la place ?*

R. En mettant *qui est-ce qui ?* ou *qu'est-ce qui ?* avant le verbe, la réponse fera trouver le nom qu'on cherche. Ainsi en disant, *Qui est-ce qui jugera les hommes ?* on trouve que c'est *Dieu* qui est le nominatif du verbe, et dont les pronoms *il* et *qui* tenoient la place.

De même, pour savoir quel est le nominatif du verbe dans cette phrase : *Il arrive de grands malheurs*; en demandant *qu'est-ce qui arrive ?* on trouve que c'est *de grands malheurs.*

D. *Comment s'accorde le verbe avec son nominatif?*

R. En nombre et en personne : c'est-à-dire que le verbe doit être au singulier, si son nominatif n'exprime qu'une seule chose; qu'il doit être au pluriel, si son nominatif exprime plusieurs choses, ou s'il a pour nominatif plusieurs noms au singulier ; et qu'il doit être à la même personne que son nominatif.

D. *Donnez-en des exemples ?*

R. Dans cette phrase : *Je cultiverai les sciences*, le verbe *cultiverai* est à la première personne du singulier, parce que son nominatif *je* est au singulier, et de la première personne.

Dans celle-ci : *Mon frère, vous négligez l'étude ;* le verbe *négligez* est à la seconde personne du singulier, parce que *vous*, qui tient la place de *mon frère*, est au singulier de la seconde personne.

Dans celle-ci : *Dieu punira les méchants ;* le verbe *punira* est à la troisième personne du singulier, parce que *Dieu* est au singulier, et de la troisième personne.

Dans celle-ci : *Les Païens adoroient des idoles : la sagesse et la modestie conviennent aux jeunes-gens ;* les verbes *adoroient* et *conviennent* sont à la troisième personne du pluriel, parce que le nominatif du premier est au pluriel de la troisième personne, et que l'autre a pour nominatif deux noms de la troisième personne au singulier, lesquels valent un pluriel.

Enfin dans cette phrase : *La plupart furent du même avis,* le verbe *furent* est à la troisième personne du pluriel, parce que son nominatif qui est *la plupart*, quoiqu'au singulier, exprime plusieurs personnes.

D. *Quand un verbe a plusieurs nominatifs de différentes personnes, à quelle personne doit-on le mettre ?*

R. On doit le mettre à la personne la plus noble. La première personne est plus noble que les autres, et la seconde est plus noble que la troisième. Ainsi il faut dire par cette raison : *Vous et mon frère* AVEZ ÉTÉ *les plus sages* : *Vous, ma sœur et moi*, IRONS *ensemble à la campagne.*

III. *Observations sur le régime.*

D. *Qu'est-ce que gouvernent les verbes?*

R. Les verbes actifs gouvernent l'accusatif; les verbes passifs gouvernent l'ablatif, ou la préposition *par* suivie d'un accusatif; les verbes neutres et impersonnels, ou ne gouvernent rien, ou gouvernent quelquefois le datif, et quelquefois l'ablatif.

D. *Les verbes actifs ne gouvernent-ils jamais que l'accusatif?*

R. Il y en a quelques-uns qui gouvernent encore un datif, ou un ablatif avec l'accusatif, comme quand on dit : *Donner quelque chose à quelqu'un : recevoir quelque chose de quelqu'un.*

D. *Qu'est-ce que gouvernent les verbes réfléchis ?*

R. 1. Il y en a qui ont le pronom conjonctif pour régime absolu à l'accusatif, et quelquefois encore un régime relatif au datif ou à l'ablatif : comme quand on dit : *Je me donne à la vertu : je me sépare de vous*; c'est-à-dire, *je donne moi à la vertu, je sépare moi de vous.*

2. Il y en a qui ont le pronom conjonctif pour régime relatif au datif, et qui ont encore ordinairement un régime absolu à

l'accusatif : comme quand on dit : *Je me donne un habit ;* c'est-à-dire, *je donne à moi un habit.*

3. Il y en a d'autres où le pronom conjonctif ne tient proprement lieu d'aucun régime, quoiqu'on le regarde comme étant à l'accusatif, et qui gouvernent quelquefois un autre nom au datif ou à l'ablatif : comme quand on dit : *Je me meurs, je me plais au jeu, je me repens de ma faute*; on ne peut pas tourner, *je meurs moi,* ni *je plais moi au jeu,* ni *je repens moi de ma faute.*

D. *Les verbes n'ont-ils jamais pour régimes que des noms ou pronoms ?*

R. Ils ont encore souvent d'autres verbes à l'infinitif, sans articles, s'ils sont régimes absolus, ou précédés des articles *à* et *de*, s'ils sont régimes relatifs : comme quand on dit : *Je veux étudier ; je m'occupe à étudier ; je m'ennuie d'étudier.*

Il y a plusieurs verbes dont le régime absolu est exprimé par un verbe à quelqu'un des temps de l'indicatif ou du subjonctif, et précédé de la conjonction *que.* Ainsi dans ces deux phrases, *Je crois que vous travaillez ; je crains que Dieu ne me punisse ;* le régime absolu du verbe *je crois*, est exprimé par, *que vous travaillez :* et le régime absolu du verbe *je crains*, est exprimé par, *que Dieu ne me punisse.*

D. N'y

D. *N'y a-t-il que les verbes qui aient un régime ?*

R. 1. Les noms substantifs gouvernent souvent d'autres noms substantifs au génitif: comme quand on dit : *La bonté de Dieu, la lumière du soleil, les vérités de la religion, etc.*

2. Il y a des noms adjectifs qui ont pour régime des noms substantifs au génitif, au datif ou à l'ablatif : comme quand on dit : *Jaloux de sa gloire, convenable à mon dessein, dépendant de Dieu.*

3. Toutes les prépositions gouvernent, comme nous l'avons dit, le génitif ou l'ablatif, le datif ou l'accusatif, comme quand on dit : *A l'abri de la pluie, auprès du Roi, jusqu'à Rome, pour la gloire*, etc.

D. *Comment trouve-t-on le régime d'un verbe, d'un nom ou d'une préposition ?*

R. 1. On trouve le régime absolu d'un verbe actif, ou d'une préposition qui gouverne l'accusatif, en mettant *quoi*? ou *qui*? en interrogation, après le verbe ou la préposition. Ainsi dans cette phrase : *Demandons à Dieu les grâces nécessaires pour notre sanctification*; en mettant *quoi?* après *demandons* et après *pour*, on trouve que *les grâces* est le régime de l'un, et que *notre sanctification* est le régime de l'autre.

2. On trouve le régime relatif au génitif, à l'ablatif ou au datif des verbes, des noms et des prépositions, en mettant après en

interrogation, *de quoi?* ou *de qui? à quoi?* ou *à qui?* Ainsi dans ces phrases, *Offrons toutes nos actions à Dieu : j'ai obtenu une grâce de mon père : les ouvrages de Cicéron : près de la ville ;* on trouve les régimes relatifs, en disant, *Offrons, à qui? à Dieu. J'ai obtenu, de qui? de mon père. Les ouvrages, de qui? de Cicéron. Près de quoi? de la ville.*

3. On trouvera de même le régime des verbes passifs, en mettant après, *Par qui? de qui?* ou *de quoi? J'ai été maltraité, par qui? par mon frère. Je suis connu, de qui? du Roi. Le verbe est suivi, de quoi? de son régime.*

IV. *Observations sur les Articles.*

D. Le, la, les, *sont-ils toujours articles?*

R. *Le, la, les,* ne sont articles que quand ils sont mis avant des noms au nominatif ou à l'accusatif : comme quand on dit : *Le Prince, la table, les livres.*

Mais *le, la, les,* sont pronoms conjonctifs, quand ils sont joints à des verbes dont ils sont régimes absolus, et qu'on peut les tourner par l'accusatif des pronoms personnels : comme quand on dit : *Je le connois, je la vois, je les estime ;* c'est-à-dire, *je connois lui, je vois elle, j'estime eux* ou *elles.*

D. *Comment connoît-on qu'un nom sans article, ou précédé des articles*, le, la, les, *est au nominatif ou à l'accusatif?*

R. Un nom sans article ou précédé des articles *le, la, les*, est au nominatif, quand il est sujet ou nominatif d'un verbe, comme quand on dit : *Dieu est juste : le temps perdu ne se répare pas : la mort nous surprend : les méchans seront punis*, etc.

Un nom sans article, ou précédé des articles *le, la, les*, est à l'accusatif, quand il est régime absolu d'un verbe ou d'une préposition : comme quand on dit : *Il faut aimer Dieu : ne perdons pas le temps : pratiquons la vertu : cultivons les sciences : vivons selon les lois*, etc.

D. *Comment peut-on connoître si un nom précédé des articles* du, de la, des, de, *est au génitif ou à l'ablatif?*

R. Un nom précédé des articles *du, de la, des, de*, est généralement au génitif, quand il est gouverné par un nom : comme quand on dit : *L'horreur du vice, l'amour de la vertu, l'utilité des sciences, la crainte de Dieu*, etc.

Un nom précédé des articles *du, de la, des, de*, est généralement à l'ablatif, quand il est gouverné par un verbe ou par une préposition simple : comme quand on dit : *Nous dépendons du Roi : je suis édifié de votre conduite : loin de la rivière*, etc.

D. *Comment connoît-on quand* du, de la, des, de, *sont génitifs ou ablatifs des ar-*

ticles définis et indéfinis, et quand ils sont nominatifs ou accusatifs des articles partitifs?

R. *Du*, *de la*, *des*, *de*, sont génitifs ou ablatifs des articles définis et indéfinis, quand les noms qu'ils précédent sont régimes relatifs d'un nom, d'un verbe ou d'une préposition.

Mais, *du*, *de la*, *des*, *de*, sont nominatifs ou accusatifs des articles partitifs, quand les noms qu'ils précédent sont nominatifs d'un verbe, ou régimes absolus d'un verbe actif, ou d'une préposition qui gouverne l'accusatif, comme dans ces exemples : *Du pain me suffit : j'ai lu de bons livres : on trouve rarement des jeunes gens sages : Dieu forma l'homme avec de la terre.*

V. *Observations sur les pronoms.*

D. Nous, vous, *et* lui, *sont-ils toujours pronoms personnels?*

R. *Nous*, *vous*, et *lui*, sont pronoms personnels, lorsqu'ils sont précédés des articles *à* et *de*, ou lorsqu'étant sans articles, ils sont nominatifs d'un verbe, ou régimes d'une préposition : comme dans ces exemples : *Il s'adresse à nous : je me plains de vous : fiez-vous à lui : nous étudions : vous travaillez : contre nous : avec vous : pour lui*, etc.

Nous, *vous*, et *lui*, sont pronoms conjonctifs, lorsqu'étant sans articles, ils sont régimes absolus ou relatifs de quelque verbe, et tiennent lieu des pronoms personnels au datif ou à l'accusatif: comme dans ces exemples : *L'étude nous est utile : je vous estime : ce livre lui plaît*, c'est-à-dire, *l'étude est utile à nous : j'estime vous* : *ce livre plaît à lui* ou *à elle*, etc.

D. En *et* y *sont-ils toujours pronoms conjonctifs ?*

R. 1. *En*, est pronom conjonctif, quand il tient lieu d'un pronom personnel, ou de quelque nom au génitif ou à l'ablatif: comme quand on dit : *je vous en parle ;* c'est-à-dire, *je vous parle de lui* ou *d'elle*, *de cela* ou *de cette chose*. Mais *en* est préposition, quand il ne tient lieu d'aucun nom ni pronom, et qu'il est avant un nom ou un pronom qu'il gouverne : comme dans ces exemples : *J'ai confiance en Dieu ; j'irai en Italie.*

2. *Y*, est pronom conjonctif, quand il tient lieu de quelque nom au datif; comme quand on dit : *je m'y applique*, c'est-à-dire, *je m'applique à cela* ou *à cette chose*. Mais il est adverbe de lieu, quand il répond à la question *où ?* et qu'on peut le tourner par les mots *en ce lieu*, ou par l'adverbe *là* : comme dans ces exemples : *Nous y sommes restés : vous y allez ;* c'est-à-dire, *nous sommes restés-là* ou *en ce lieu ; vous allez-là* ou *en ce lieu.*

D. *En quelles occasions* leur *est-il pronom conjonctif ou possessif?*

R. *Leur* est pronom conjonctif, lorsqu'étant sans article, il est joint à un verbe dont il exprime le régime relatif au datif, et qu'il peut se tourner par *à eux* ou *à elles*, ou par quelque nom au datif pluriel; et alors il est indéclinable : comme quand on dit, *Je leur offre mon amitié ;* c'est-à-dire, *J'offre mon amitié à eux* ou *à elles*.

Leur, est un pronom possessif absolu, quand il est avant un nom, comme *leur livre, leur maison*; et il est pronom possessif relatif, lorsque n'étant pas suivi d'un nom, il est précédé d'un article défini, comme *le leur, la leur, du leur, de la leur, etc.* et dans ces deux cas il est déclinable, prenant une *s* au pluriel.

D. *Comment peut-on trouver l'antécédent d'un pronom relatif?*

R. En le tournant par *lequel, laquelle, duquel, de laquelle*, etc. selon le cas où il est, et en y joignant un nom exprimé auparavant avec lequel il puisse faire un sens raisonnable. Ainsi dans cette phrase, *Songeons à appaiser la colère de Dieu, dont nous devons craindre les effets ;* on trouve que c'est *la colère*, et non pas *Dieu*, qui est l'antécédent de *dont*, parce qu'on peut dire, *songeons à appaiser la colère de Dieu, de laquelle colère nous devons craindre les effets;* et qu'on ne pourroit pas dire : *Duquel Dieu nous devons craindre les effets.*

D. *L'antécédent du relatif est-il toujours exprimé par un nom ?*

R. Il est souvent exprimé par un pronom ; et quand ce sont les pronoms démonstratifs, *celui, ceux* ou *ce*, s'ils n'ont rapport à aucun nom déjà exprimé, on peut tourner *celui* par *l'homme*, *ceux* par *les hommes*, et *ce* par *la chose* ou *les choses* : comme quand on dit : *celui qui craint* Dieu, *ceux qui méprisent les richesses*, *ce que je vous prédis* ; c'est-à-dire, *l'homme qui craint Dieu*, *les hommes qui méprisent les richesses*, *la chose* ou *les choses que je vous prédis.*

D. *Comment s'accorde le relatif avec son antécédent ?*

R. En genre, en nombre et en personne ; c'est-à-dire que le relatif doit être au même genre, au même nombre, et de la même personne que son antécédent. Ainsi dans *moi qui aime l'étude*, *qui* est au masculin, ou au féminin, suivant la personne qui parle, au singulier et de la première personne, comme son antécédent *moi* : dans *vous qui perdez votre temps*, *qui* est au masculin ou au féminin, au singulier ou au pluriel, suivant le genre et le nombre des personnes à qui l'on parle, et de la seconde personne, comme son antécédent, *vous* : dans *les écoliers qui étudient la langue françoise*, *qui* est au masculin, au pluriel, et de la troisième personne, comme son antécédent *les écoliers.*

D. *D'où dépend le cas du pronom relatif?*

R. Il dépend ordinairement d'un verbe ou d'un nom suivant.

D. *Comment peut-on trouver en quel cas est le pronom relatif, et par quel verbe ou par quel nom il est gouverné?*

R. En mettant l'antécédent à la place du pronom relatif, et en transportant cet antécédent, s'il n'est pas nominatif d'un verbe, après un verbe ou après un nom à la suite duquel il puisse faire un sens raisonnable. Ainsi dans *Dieu de qui nous avons reçu tant de bienfaits*, *de qui* est à l'ablatif, et régime relatif du verbe *avons reçu*, parce qu'on dit, *nous avons reçu tant de bienfaits de Dieu* : dans *Cicéron dont on admire l'éloquence*, *dont* est au génitif gouverné par le nom substantif *éloquence*, parce qu'on dit, *on admire l'éloquence de Cicéron.*

D. *En quel cas sont ou peuvent être chacun des pronoms relatifs?*

R. *Qui*, au singulier et au pluriel est toujours nominatif du verbe suivant, s'il n'est pas à la suite et régime d'une préposition : comme dans *le maître qui enseigne* : *les écoliers qui écoutent*, etc.

Que, est toujours à l'accusatif singulier ou

ou pluriel, et régime absolu du verbe suivant, comme dans, *Dieu que j'aime : les vertus que j'admire*, etc.

Duquel, de laquelle, de qui, dont, sont au génitif ou à l'ablatif.

Ils sont au génitif, quand ils sont gouvernés par un nom substantif suivant, comme dans, *Alexandre de qui le courage est connu*, ou *Alexandre dont on connoît le courage*.

Ils sont à l'ablatif, quand ils sont gouvernés par un verbe suivant : comme dans, *les exemples dont il faut profiter*, etc.

Auquel, à laquelle, à qui et *à quoi*, sont toujours au datif, gouvernés par un verbe ou par un nom adjectif suivant, comme dans, *La science à laquelle je m'applique : les écoliers à qui les punitions sont nécessaires : les dangers à quoi* (mieux *auxquels*) *on s'expose*, etc.

VI. *Observations sur les participes.*

D. *Qu'entend-on quand on dit que les participes sont déclinables ou indéclinables?*

R. Quand on dit que les participes sont déclinables, on entend qu'ils changent de terminaison, pour s'accorder avec les noms ou pronoms auxquels ils se rapportent ; c'est-à-dire qu'ils prennent, comme les noms adjectifs, un *e* muet pour s'accorder avec un nom féminin, et une *s* pour s'accorder avec un nom pluriel.

Et, quand on dit que les participes sont indéclinables, on entend qu'ils ne changent pas de terminaison, de quelque genre et de quelque nombre que soit le nom auquel ils pourroient se rapporter.

D. *Cette variation de terminaison convient-elle aux participes actifs en* ant ?

R. Non : ils sont toujours indéclinables, aussi-bien que les gérondifs, comme on l'a vu, *page* 93.

D. *Que faut-il observer à l'égard des participes passifs ?*

R. Il faut observer qu'ils sont quelquefois indéclinables, et quelquefois déclinables.

D. *En quelles occasions les participes passifs sont-ils déclinables ou indéclinables ?*

R. Les participes passifs sont indéclinables, quand ils forment, avec l'auxiliaire *avoir*, les temps composés d'un verbe neutre, ou d'un verbe actif qui n'est pas précédé de son régime absolu ; et quand ils forment, avec l'auxiliaire *être*, les temps composés d'un verbe réfléchi, suivi de son régime absolu. Ainsi, dans ces exemples, *J'ai dormi, nous avons dormi* ; *j'ai écrit une lettre, nous avons écrit une lettre* ; *nous nous sommes donné des livres* ; *dormi, écrit* et *donné*, ne changent pas de terminaison, quoique les verbes soient au singulier et au pluriel, et que *lettre* soit du féminin, et *livres* au pluriel.

Hors de ces cas, les participes passifs sont ordinairement déclinables.

D. *Quand les participes passifs sont déclinables, avec quoi les fait-on accorder ?*

R. On les fait accorder ou avec un nom substantif, ou avec le nominatif du verbe, ou avec le régime absolu du verbe.

D. *En quelle occasion fait-on accorder les participes passifs avec un nom substantif ?*

R. Quand ils ne forment aucun temps composé de verbe, et qu'ils sont seulement employés comme adjectifs d'un nom substantif : comme quand on dit, *Un ouvrage achevé, une maison achevée, des ouvrages achevés, des maisons achevées.*

D. *En quelle occasion les participes passifs s'accordent-ils avec le nominatif du verbe ?*

R. Quand ils forment, avec l'auxiliaire *être*, les temps composés d'un verbe qui n'a pas de régime absolu : comme dans ces exemples, *Mon frère est tombé, ma sœur est tombée, mes frères sont tombés, mes sœurs sont tombées : mon frère a été puni, ma sœur a été punie, mes frères ont été punis, mes sœurs ont été punies.*

D. *En quelle occasion les participes passifs s'accordent-ils avec le régime absolu du verbe ?*

R. Quand ils forment avec l'auxiliaire *avoir* ou *être*, les temps composés d'un verbe précédé de son régime absolu : ce qui arrive principalement toutes les fois que ce régime absolu est exprimé par un pronom conjonctif, relatif ou absolu : comme quand on dit, *cette maison est à moi, je l'ai achetée : je vous rends vos livres, je les ai lus : les lettres que j'ai écrites : les meubles que je me suis donnés : quels ennemis ne me suis-je pas faits ?* etc.

VII. *Observations sur les Adverbes, les Prépositions et les Conjonctions.*

D. *En quoi les adverbes, les prépositions et les conjonctions sont-ils différens des autres parties du discours ?*

R. En ce qu'ils sont indéclinables, et qu'ils ne sont susceptibles d'aucun changement. Ainsi l'on ne peut ni les décliner comme les noms, ni les conjuguer comme les verbes.

D. *Comment peut-on connoître qu'un mot indéclinable est un adverbe plutôt qu'une préposition ou une conjonction ?*

R. Tout mot indéclinable est adverbe, lorsqu'il exprime quelque circonstance d'un verbe, qu'il peut se mettre après le verbe, ou qu'il répond à quelqu'une des questions, *quand ? où ? combien ? comment ?* tels que sont *presque, aujourd'hui, ici, beaucoup, bien*, etc.

D. *Comment distingue-t-on une préposition d'un adverbe ou d'une conjonction ?*

R. Un mot indéclinable est préposition, quand on peut mettre après en interrogation, *qui* ou *quoi*, *de qui* ou *de quoi*, *à qui* ou *à quoi ?* ce qu'on ne peut pas faire à l'égard des adverbes ou des conjonctions. Ainsi, *auprès*, *jusque*, *avec* et *sur*, sont des prépositions, parce qu'on peut demander *auprès de qui ? jusqu'à quoi ? avec qui ? sur quoi ?*

D. *Comment distingue-t-on une conjonction d'un adverbe ou d'une préposition ?*

R. Un mot indéclinable est conjonction, quand il ne peut se mettre qu'avant un verbe, ou qu'il sert à lier une phrase avec une autre, un verbe avec un autre, un nom avec un autre, ou un adverbe avec un autre, etc. tels que sont, *mais*, *car*, *et*, *ou*, etc.

Liste des Mots où l'H est aspirée.

ha !
hableur.
hache.
hagard.
haha. (*substantif*).
hahalis.
hahé.
haie.
haïe ! (*interjection*).
haillon.
Hainaut.
haine.
haïr.
haire.
haireux.
halage.
halbran.
hâle.
halener.
haleter.
halle.
hallebarde.
hallebreda.
hallecret.
hallier.
haloir.
halot.
halotechnie.
halte.
halurgie.
Ham.
hamac.
hamagogue.
Hambourg.
hameau.
hampe.
han.
hanap.
Hanau.
hanche.
hanebane.
haneton.
hangar, *ou* angar.
hanscrit.
hanse.
hansière.
hanter.
hapalanthe.
happe.
happelourde.
happer.
haquenée.
haquet.
harangue.
haras.
harasser.
harceler.
hard.

harde.
harder.
hardes.
hardi.
hareng.
Harfleur.
hargneux.
haricot.
haridèle.
Harlay.
Harlem.
harnois.
haro.
harpail.
harpe.
harpeau.
harpégement.
harper.
harpon.
harpie.
hart.
hâse.
hast.
hâte.
hatereau.
hateur.
hâtier.
haubans.
haubert.
hauteur.
Havane. (la)
hâve.
haveneau.
havet.
havir.
havre.
havresac.
hasard.
hé !
heaume.
hem !
hennir.
Henri.
héraut.
hère.
hérisser.
hernie.
héron.
héros.
herse.
Hesse.
hêtre.
heurter.
hibou.
hic.
hideux.
hie.
hiérarchie.
hisser.
hobereau.
hobin.
hoc.
hoca.
hoche.

hochepot.
hocher.
hochet.
holà !
Hollande.
hollander.
homard.
hongre.
Hongrie.
honnir.
honte.
hoquet.
hoqueton.
horde.
horion.
hormis.
hors.
hotte.
houblon.
houe.
houille.
houle.
houlette.
houpe.
houpelande.
houper.
houpier.
houraillis.
hource.
houder.
hourdi.
houret.
houri.
hourque.
hourvari.
housche.
housé.
houseaux.
houspiller.
houssaie.
houssard.
housse.
housseau.
housser.
houssine.
housson.
houx.
hoyau.
huard.
huche.
huer.
huete.
huguenot.
huit.
hulote.
humer.
hune.
Huningue.
hupe.
hure.
hurler.
Huron.
hussard.
hutte.

L'*h* est aspirée dans *héros*, elle ne l'est pas dans *héroïne*, *héroïsme*, *héroïde*, *héroïque*, *héroïquement*.

L'*h* est aspirée dans *déharnacher*, *enhardir*, *rehausser*; et elle ne l'est point dans *exhausser*, *exhaussement*, *trahir*, *envahir*.

A la fin des mots, l'*h* n'est aspirée que dans les trois interjections, *ah! eh! oh!*

Il y a des mots sur lesquels l'usage semble partagé, et que l'on appelle douteux; les voici :

Henri ne s'aspire que dans un discours oratoire, et dans la poésie soutenue.

Hideux. Il est mieux d'écrire *la hideuse image*, que *l'hideuse image*.

Hollande et *Hollandois* s'aspirent toujours ailleurs que dans ces phrases : *Toiles d'Hollande*, *fromage d'Hollande*, dans lesquelles l'usage a prévalu.

Hongrie. On dit *la Hongrie*, *le hongrois*; mais *de l'eau de la reine d'Hongrie*, *du point d'Hongrie*.

Onze. On dit *de onze qu'ils étoient*, etc. *Le onzième*, *la onzième*, et non *l'onze*, *l'onzième*.

Oui. On dit *je crois qu'oui*, et *le oui et le non*, un *oui*, vos *oui*; on ne prononce pas *un-n-oui*, *vos-z-oui*, parce que, dans ces derniers cas, *oui* est pris substantivement.

TABLE ALPHABÉTIQUE DES MATIÈRES.

A.

C.

Q.

R.

S.

FIN.

www.ingramcontent.com/pod-product-compliance
Ingram Content Group UK Ltd.
Pitfield, Milton Keynes, MK11 3LW, UK
UKHW031911260826
14628UKWH00003B/1126

9 782014 098921